DOMINA LA FORMA DE VIDA ESTOICA

MEJORA TU FORTALEZA MENTAL, AUTODISCIPLINA Y PRODUCTIVIDAD CON LA ANCESTRAL SABIDURÍA ESTOICA

ANDREAS ATHANAS

© **Copyright 2019 - Todos los derechos reservados.**

El contenido de este libro no podrá ser reproducido, duplicado o transmitido sin el permiso expreso escrito por su autor o editor.

Bajo ninguna circunstancia se culpará o responsabilizará legalmente al editor, o al autor, por cualquier daño, reparación o pérdida monetaria debido a la información contenida en este libro. Ya sea directa o indirectamente.

Aviso legal:

Este libro está protegido por derechos de autor. Este libro es sólo para uso personal. No se podrá enmendar, distribuir, vender, usar, citar o parafrasear ninguna parte, o el contenido dentro de este libro, sin el consentimiento expreso del autor o editor.

Aviso de exención de responsabilidad:

Por favor, tenga en cuenta que la información contenida en este documento es sólo para fines educativos y de entretenimiento. Se ha hecho todo lo posible por presentar una información precisa, actualizada, fiable y completa. No se declaran ni se implican garantías de ningún tipo. Los lectores reconocen que el autor no se compromete a dar consejos legales, financieros, médicos o profesionales. El contenido de este libro se ha obtenido de varias fuentes. Por favor, consulte a un profesional autorizado antes de intentar cualquier técnica descrita en este libro.

Al leer este documento, el lector está de acuerdo en que bajo ninguna circunstancia el autor será responsable de ninguna pérdida, directa o indirecta, como resultado del uso de la información contenida en el presente documento, incluidos, entre otros, errores, omisiones o inexactitudes.

❦ Creado con Vellum

INTRODUCCIÓN

La era moderna es una época tanto de conveniencia como de desesperación, de avances tecnológicos innovadores y de las crecientes necesidades de las clases que han quedado atrás, que han sido relegadas por la corriente principal, a una perspectiva secundaria de los asuntos del mundo. La guerra se ha extendido, y el terrorismo ha surgido como un componente importante del discurso político, en una época marcada por la privación del derecho de representación de grandes sectores de la población humana. Los conflictos políticos y la incertidumbre económica son lugares comunes, y en el mundo, a pesar de los albores de la tecnología de las comunicaciones, nunca ha sido tan fácil hacer la vista gorda ante el sufrimiento de los menos afortunados.

No sólo el mundo está perturbado a nivel macrocósmico, sino que estas luchas se han manifestado a un nivel individualista, creando problemas con los que nos enfrentamos a diario, que pueden llegar a ser bastante intolerables. Desde la crianza de los niños y el desplazamiento del trabajo, hasta los peligros de la pobreza en una economía cada vez más inestable, el mundo moderno presenta innumerables factores de estrés que se suman a un mundo sombrío y lúgubre para aquellos que buscan controlar sus propias vidas.

Estos problemas, sin embargo, son tan antiguos como la humanidad. Desde los albores de la razón humana, hemos estado luchando sin cesar -clase contra clase, raza contra raza, nación contra nación- de una manera tan repetitiva, que las pruebas de hoy parecen ser meros ecos de una historia antigua.

Ingresando a la filosofía griega.

Desde los días de Sócrates, la filosofía ha buscado el mejoramiento del hombre y la iluminación de la razón humana, en ambientes que han impedido cualquier tipo de avance verdadero. Sin embargo, en medio del mar de la desesperación, han surgido muchos pensamientos que han dado a la humanidad, la capacidad de reconocer su propia posición dentro del cosmos, para dar sentido a lo insensible y tratar de construir nociones válidas y practicables de la emoción, la razón y el intelecto humanos. De estas innumerables escuelas de pensamiento, una se destaca como la metodología predominante para manejar las tensiones de la vida, ya sea que esas tensiones se originen en la antigua Atenas o en la América del siglo XXI. Esta escuela de pensamiento es conocida como el estoicismo y, desde sus inicios, ha servido como un bastión para el libre pensador. Ha atraído a intelectuales de todos los ámbitos de la vida a su redil porque se basa, por su disposición filosófica, en una línea de pensamiento introspectivo relacionada no con los problemas del mundo exterior, sino con los problemas del alma.

Durante más de 2.500 años, el estoicismo ha sido un actor activo en el discurso de la racionalidad humana y ha conseguido que prestigiosos filósofos, como Marco Aurelio, sean defensores de las teorías que se plantean en él. La belleza de esta filosofía reside en su simplicidad. Sólo busca ayudar a la humanidad a transitar la angustia emocional y mantiene la posición de que la presión emocional, es predominantemente causada por nuestra propia comprensión - o la falta de ella - de las fuentes de tal presión.

En la era moderna, el estoicismo ha resurgido como la base principal de las escuelas de pensamiento psicológico exitosas, y se ha adaptado a los rigores de la sociedad moderna y a las necesidades de las personas a las que intenta dirigirse. Los tiempos han cambiado, obviamente, desde que los estoicos originales caminaban por las columnas de mármol y los templos de la vieja Atenas, pero la filosofía que predicaban en esa época, ha permanecido aún como un foco central del avance humano, tanto en las doctrinas filosóficas como en las psicológicas.

¿Qué hacer con esta cualidad aparentemente atemporal de esta filosofía antigua? Tal vez habla de la verdad del método estoico y se presenta como una evidencia implícita de que el hombre que formuló por primera vez los principios del pensamiento estoico, podría haber estado en algo que aprovechó la naturaleza misma de la mente humana. La manera en que esta filosofía se ha adaptado a una variedad de entornos sociales y atmósferas políticas también indica la universalidad del mensaje de Zenón. Gran parte de la mentalidad estoica, se ha adaptado a tantas áreas diferentes de la vida y la cultura humanas, pero un aspecto ha permanecido incambiado, es su enfoque central en la mejora del individuo por sobre la mejora de la sociedad, y siempre ha prescrito alguna forma de introspección meditativa como medio para lograr ese fin. El hecho de que la vena común de todas las encarnaciones del estoicismo sea este enfoque interno, este acto de introspección, explica de qué se tratan todas las ramas de esta filosofía. Ante esto, podemos decir que Zenón y los estoicos, no solo fueron los fundadores de un movimiento propio, sino que lo han hecho a través de un mayor desarrollo del estudio de la sabiduría y merecen mucho más crédito del que normalmente se les otorga.

El discurso filosófico moderno de nuestra élite intelectual, ha vuelto a cerrar el círculo y ha retocado las cuestiones a las que los estoicos originales enfrentaron por primera vez. Ahora, en lugar de existir como filosofía, permanece "detrás de escena", trabajando como un agente activo informando el discurso psicológico y reafirmando los principios originales de la filosofía antigua. Hoy en día, muchas formas de psicoterapia tienen sus raíces en las antiguas tradiciones estoicas. La Terapia Cognitivo-Conductual, se basa en gran medida en los principios estoicos, y los métodos fragmentados de curación psicológica que se derivan de la TCC, todos deben algo a las enseñanzas originales de la antigua Grecia. A pesar de los tiempos cambiantes, el estoicismo todavía tiene algo que ofrecer a la humanidad y sus frecuentes reencarnaciones a lo largo de la historia apuntan a su primacía como método de comprensión terapéutica del alma humana.

En este libro, discutiremos la evolución del estoicismo como filosofía moral y ética y como marco intelectual que ha informado a la medicina y la psiquiatría modernas. A través de este estudio, esperamos arrojar luz sobre los avances actuales en esta antigua forma de vida y delinear las formas en que puede ser implementada por los ciudadanos del mundo moderno. El objetivo del estudio del estoicismo es, y siempre ha sido, la superación personal, y una introspección racional, relacionada con el control de las respuestas emocionales en los seres humanos. En un contexto moderno, esta conversación, requiere una descripción general de los paradigmas psicológicos que han informado nuestros pensamientos contemporáneos sobre el campo de la memoria, la emoción y los aparatos biológicos que operan dentro de nuestro cerebro para producir lo que nosotros, como seres conscientes, experimentamos como emoción.

Continuando con esta discusión en el ámbito de lo práctico, describiremos los beneficios de adoptar un estado mental estoico y te daremos una idea de cómo lograr esta disposición filosófica. Al enmarcar esta discusión como un discurso psicológico y filosófico, intentaremos cerrar la brecha entre los dos.

Esto nos permite lograr un terreno común que es el más ventajoso tanto para la comprensión de los principios filosóficos, como para las aplicaciones prácticas de esos principios tal como son promulgados por el estudio psicológico moderno.

El legado de Zenón

Uno de los aspectos más importantes del legado de Zenón, y que existe en paralelo a los principios de la filosofía que él creó, es su papel de haber llevado el pensamiento elevado, a la arena de la sociedad griega dominante. A través de su estilo de enseñanza de puertas abiertas, difundió su mensaje en las calles de Atenas, no solo entre su élite social y política, como lo habían hecho los filósofos anteriores antes que él. Este enfoque en las personas, es tanto una estipulación necesaria del contenido de su filosofía, como una filosofía de acción y un medio por el cual trató de promulgar un cambio en los puntos de vista de las personas que lo rodeaban. Como señala Marco Aurelio, una barra de pan hace mucho más bien al hombre hambriento, que un discurso filosófico sobre si el pan es bueno o malo, indiferente o no (Kamtekar, 2017). Al hacer de la filosofía una discusión en la que el profano podría contribuir, Zenón rompió con la forma tradicional de hacer las cosas y creó un nuevo paradigma que cambiaría radicalmente el discurso político y social en los siglos venideros. Sus innovaciones en el arte de pensar con una mente equilibrada, provocaron temblores en su comunidad intelectual contemporánea que aún se sienten hoy en día, y sus discípulos, a lo largo de los años han sido, en algunos casos, literalmente deificados por sus pensamientos y estilos de vida. En cierto modo, Zenón, fue el primer populista filosófico del mundo, y criticó el elitismo de otras escuelas filosóficas por su incapacidad para comprender lo que le importaba a la gente en las calles. El discurso obtuso e impenetrable, nunca haría nada para curar los males que Zenón observaba en su sociedad, porque no permitía las opiniones de los incultos. Al cambiar este paradigma, Zenón infunde a su filosofía un poder de permanencia y un vigor que no tenían las enseñanzas de Sócrates y Aristóteles. De esta manera, el estoicismo es verdaderamente una filosofía de acción. Desde sus inicios, la historia de esta escuela de pensamiento, está cargada de principios vivos y lecciones que Zenón creía que harían mucho más bien que las discusiones indirectas de la élite intelectual.

Su trabajo es recordado porque buscó que así fuera. Su trabajo afectó las vidas de varios eruditos y gobernantes subsecuentes, porque está en los principios fundamentales de su filosofía, que la filosofía debería ser para todos, y que los beneficios de la iluminación no eran un privilegio santificado de la clase alta. Al adoptar esta postura, creó una filosofía que hablaría a los pobres y los esclavos, a los huérfanos y a las mujeres que no tenían poder alguno en la sociedad, y mucho menos sobre el funcionamiento del mundo. Esto contribuyó a su gran número de seguidores y discípulos que llevaron su mensaje después de su muerte. La creación de una filosofía dirigida a la superación de todos, es una filosofía que puede ser seguida por cualquier persona, en cualquier parte del mundo, en cualquier momento de la historia. Dondequiera que se acumule el desencanto, la filosofía estoica encuentra audiencia, porque la filosofía busca abordar lo que causa el desencanto en primer lugar, poniéndonos en control de su propagación y brindándonos las herramientas para combatirlo.

Podría decirse que esto hace mucho más por un individuo, que cualquier sermón de Sócrates, Platón o Aristóteles, quienes pasaron sus vidas discutiendo temas que no tenían ninguna relación con las personas en su conjunto. El legado de Zenón, se basa en la noción de una filosofía populista, que se dirige a una amplia franja de personas, y se puede aplicar en una amplia variedad de circunstancias para lograr un cambio positivo en aquellos que se adhieren a sus valores. Se le recuerda, al igual que el propio Prometeo, por traer la luz de la sabiduría desde sus elevadas alturas y regalarla al mundo de una forma comprensible, identificable y conducente a la mejora de los seres humanos individualmente, al mismo tiempo que beneficiosa para el mundo en su conjunto.

Lo que nos dio Zenón fue un esquema hacia una vida bien vivida y éste, finalmente, es el propósito final de la filosofía. Nos enseñó a vivir propiamente, en armonía con la naturaleza, y en sintonía no con el imperio de la ley o las normas sociales, sino con la razón, que inherentemente nos hace seres únicos. Esto es lo que atrajo a los humanistas neoestoicos en el siglo XVII, tanto como a los antiguos griegos y romanos y a los psicólogos modernos. Las leyes y las normas sociales, no son exclusivamente malas desde la cosmovisión estoica, pero crean un sistema cultural en el que la humanidad no puede decidir por sí misma cómo actuará. Esta disociación entre la racionalidad y el imperio de las leyes sociales es lo que engendra infelicidad, ya que impide que las personas persigan la racionalidad como un método viable para alcanzar la felicidad. Esto nunca ha sido más cierto que en los Estados Unidos de hoy en día, donde la riqueza es una medida del éxito y el estatus se equipara a la felicidad. Zenón, incluso en la época actual, sigue siendo relevante en el sentido de que sus enseñanzas nos recuerdan la impermanencia de todo lo que nuestra sociedad aprecia. Y, al final, cuando todo nos es despojado y nos quedamos frente al vacío de la muerte, Zenón nos recuerda que morir es el único fin racional para nosotros y que mientras vivamos de acuerdo con nosotros mismos y nuestra racionalidad, no tenemos nada que temer a la muerte.

LA HISTORIA DEL ESTOICISMO

Como filosofía y forma de vida, el estoicismo es anterior a muchas de las principales religiones de hoy y fue formulado por primera vez en el siglo III a.C. por un filósofo griego llamado Zenón de Citio (Mark, 2015). En su juventud, Zenón estudió bajo la tutela del prominente filósofo griego Crates de Tebas, quien fundó la escuela de pensamiento conocida como cinismo, y para comprender las raíces de las que surgió el estoicismo, es importante comprender la cultura filosófica y los precedentes comunes en la antigüedad griega en ese momento.

Como Zenón Estudio con Crates de Tebas y es considerado por la historia como su más exitoso alumno, debemos ahondar en las enseñanzas de

Crates, aunque su trabajo superviviente es limitado, y el conocimiento sobre su vida personal es casi inexistente. Lo que sí sabemos acerca de Crates, es que gran parte de su filosofía y su amor por la sabiduría, surgieron de una obra que vio como el hijo rico de una familia poderosa en la ciudad griega de Tebas. Esta obra, *La tragedia de Télefo*, trata sobre el dolor y la pérdida y se centra en el hijo semidivino de Heracles y una herida mortal que sufrió a manos de un héroe griego, Aquiles.

En la obra, un oráculo le dice a Télefo que nada aliviará su dolor o evitará su muerte, salvo la bendición del hombre que le infligió ese dolor. Télefo, piensa rápido y se cuela en el campamento de Aquiles disfrazado de harapos e implora al valiente guerrero que sane su herida.

Aunque no se sabe nada acerca de cómo o por qué esta obra afectó a Crates, o qué de su historia lo movió a alterar su vida de manera tan drástica. Lo que se sabe es que poco después, Crates de Tebas, rechazó su herencia, su riqueza y poder, y su familia para llevar una vida de sencillez ascética, estudiando filosofía en las calles de Atenas y trabajando para perfeccionar una forma de vida de sabiduría.

. . .

Gran parte de su filosofía se basa en la noción de que las posesiones materiales son cosas temporales, de corta duración, destinadas a dejar este mundo y a quienes las poseen momentáneamente. Como tal, los cínicos sostenían la verdadera búsqueda de la sabiduría como algo que existía totalmente separado de los deseos comunes de fama y dinero, poder y mujeres, negocios lucrativos y empresas y la trampa de la vida metropolitana que, en ese momento, era el asiento de la civilización contemporánea.

Los cínicos, siguiendo las señales de una larga línea de filósofos griegos que se remonta a Sócrates en el siglo V a. C., creían en valores que eran similares a las enseñanzas budistas que ya tenían un par de cientos de años en este punto. Las posesiones eran fugaces y no una verdadera medida de felicidad o éxito. El sabio no se preocupó por tales asuntos y, en cambio, siguió una "vida conforme a la naturaleza", alejándose de la vida pública y tomando las calles para difundir el mensaje de pobreza y pureza entre la gente que escuchara.

Durante siglos, este mensaje se afianzó mucho después del crepúsculo de la superioridad griega y eventualmente se extendió a los romanos, desapareciendo temporalmente cuando el cristianismo comenzó a dominar las discusiones filosóficas en todo el Imperio Romano, sólo para volver a salir de la hibernación cada vez que una cultura mundial comenzaba a crecer en exceso y engendraba el nacimiento de contraculturas.

Las futuras generaciones adulteraron el mensaje de los cínicos, hasta que llegó a ser percibido como lo percibimos hoy, a saber, que cualquier cosa alegre y buena en este mundo es un mal que debe ser evitado. Pero en sus primeras encarnaciones, el cinismo griego antiguo, era una filosofía que predicaba la sencillez, la virtud y un estilo de vida libre de la búsqueda de esfuerzos vanagloriosos.

ZENÓN DE CITIO

Zenón de Citio, conocido hoy como uno de los filósofos prominentes que regalaron el pensamiento estoico al mundo a través de su erudición, nació trescientos años antes del amanecer del cristianismo en lo que hoy es la isla de Chipre. Antes de entregarse a la filosofía y la búsqueda de una vida virtuosa, Zenón de Citio se dedicó al comercio y forjó una vasta riqueza comerciando productos básicos en el mar Egeo.

. . .

Según las historias que rodean su vida, su interés por el ascetismo y la filosofía comenzó después de que experimentó un encuentro cercano a la muerte en el mar abierto, sobreviviendo a un naufragio frente a las costas de lo que actualmente sería Israel. Después del naufragio, se encontró en Atenas, consultando a un librero, a través del cual conoció por primera vez los escritos filosóficos de Jenofonte, un erudito socrático cuyas obras aún son alabadas por los académicos modernos. Fue a través de las palabras de *Memorabilia* de Jenofonte que Zenón se enamoró del estudio de la virtud y la vida de acuerdo con las leyes de la naturaleza.

Aunque se conoce poco sobre su vida, se puede inferir de los trabajos de erudición que le sobrevivieron y la historia que rodea a su influyente escuela de pensamiento, que el naufragio que experimentó frente a las costas fenicias, se grabó en su mente como un ejemplo de lo insignificante que era realmente una vida de adquisición y comercio. Acababa de obtener sus ganancias, comerciar con sus productos y ampliar su red comercial como un próspero empresario, pero estos desarrollos no fueron nada frente a las catastróficas fuerzas de la naturaleza.

. . .

El efecto de este roce con la muerte se solidificó en su mente y se convirtió en uno de los principios fundamentales de su filosofía, a saber, que la propiedad y el dinero no significaban nada y no conducían a una vida plena. Eran placeres transitorios, para tomar prestada una frase del pensamiento budista, y no podían garantizar a nadie una vida placentera e introspectiva de acuerdo con la razón y la naturaleza. Zenón creía que acabar con los excesos de la sociedad era la manera más rápida y confiable de asegurar una cultura de lógica y pensamiento racional, el mejor método para lograr la sabiduría y la única forma en que uno podía vivir dentro de los límites naturales de la acción y razón.

Estos pensamientos parecían radicales para la sociedad de aquellos tiempos, en la gran ciudad griega de Atenas, la sede de la sabiduría y la erudición de todo el mundo conocido hasta ese momento. Durante ese período, el pensamiento intelectual estuvo dominado por las ideologías hedonistas y placenteras de Epicuro, quien creía que la vida era demasiado corta para desperdiciarla en otra cosa que no fuera en los innumerables esplendores que el mundo sensorial tenía para ofrecer al paladar exigente.

. . .

Para poner las dos filosofías en contraste, los epicúreos, creían en cuatro máximas que guiaban su pensamiento y el patrón de sus vidas, mientras trataban de vivir de acuerdo con las enseñanzas de Epicuro. Estas cuatro máximas resumidas sostenían como un hecho la ausencia de una presencia divina o una vida después de la muerte, y que los principales males de la vida eran soportar el sufrimiento y la miseria. El filósofo griego esperaba inspirar a sus seguidores a renunciar a su miedo a la muerte, a sus deseos por lo que podría suceder en una vida futura nunca prometida, y más bien a disfrutar del efímero y breve momento que tenían para vivir en este planeta.

Es fácil ver cómo esto representó un gran alivio a las enseñanzas de Zenón y sus estoicos, quienes desatendieron la posesión personal, no buscaron fama ni fortuna, y solo querían vivir una vida pacífica de contemplación. Para Zenón y los estoicos, la búsqueda de un placer solo conducía a la búsqueda de otro, y luego a otro, y otro más, ad infinitum. Estos deseos superpuestos causaron celos y crimen, y llevaron a la humanidad por un camino que sólo terminó con la destrucción de la armonía entre parientes y amigos. Estas pasiones, como las describió Zenón, eran el yugo que mantenía a la humanidad en una cloaca y sólo liberándose de tal vínculo podría el hombre alcanzar su estado natural de individuo racional y pensante coexistiendo junto al resto del mundo. Al perseguir la gloria, los humanos sólo enturbiaron las aguas metafóricas de la racionalidad y crearon para sí mismos una tumba dentro de la cual morirían los ideales de la búsqueda intelectual.

Cuando Zenón llego a Atenas, recién salido de su naufragio y sintiéndose renovado, en una vida que casi le había sido arrebatada, comenzó a escribir, y sus discursos cubrieron una amplia gama de temas generalmente discutidos por los filósofos de la época. Una de sus obras que permanece vigente aún hoy, titulada *República*, (que no debe confundirse con la obra pionera de Platón del mismo nombre) busca la construcción de una sociedad perfecta, sin rango social, sin ley ni crimen, y la completa igualdad entre ambos sexos y razas entre los hombres. Tal sociedad, postula el texto, solo es posible en un mundo desprovisto de pasión, donde hombres y mujeres pueden perseguir el orden natural, sin restricciones de principios e inclinaciones cosmopolitas, donde las posesiones no inspiran codicia y donde no exista una escalera social para ascender.

. . .

A pesar de no haber dejado una marca tan grande pobre la filosofía posterior, como la obra de Platón, informó mucho de lo que Crates, su tutor, continuaría predicando, en los años posteriores a la muerte de Zenón.

La prematura muerte de Zenón, está envuelta en un misterio, y la academia moderna todavía no está segura de cómo falleció realmente. Se sabe que se suicidó por estrangulamiento, y la historia que rodea las acciones imprudentes de un hombre que entregó toda su vida a la búsqueda de la racionalidad, sostiene que un accidente: tropezó un escalón después de enseñar en Atenas, le pareció a Zenón un presagio, una especie de profecía, para recordarle que su tiempo en la tierra había llegado a su fin y que continuar más sería anhelar un tiempo de primacía, que él sabía desde el comienzo, no estaba destinado a durar.

De esta manera, Zenón salió del mundo de los hombres, dejando una no modesta huella a su paso, sino toda una escuela de pensamiento que sería llevada como la antorcha prometeica de un erudito a otro, hundiéndose alternativamente en la oscuridad de la historia olvidada, y emergiendo luego para agitar las mentes de otra generación de jóvenes. Su trabajo fue llevado a cabo por sus seguidores y se convirtió en un componente importante en la cosmovisión del Imperio Romano temprano, ganando partidarios tan famosos como Marco Aurelio y el estimado pensador Séneca el Joven.

EL ESTOICISMO Y EL CRISTIANISMO

La relación entre el estoicismo y las últimas doctrinas del cristianismo ha sido una relación extraña y problemática. Aunque ambas filosofías emplean algunos de los mismos ideales metafísicos y éticos, los poderes rivales de ambas escuelas de pensamiento entraron en conflicto numerosas veces a lo largo de los siglos. Ambas filosofías aceptan la naturaleza inherente del mundo como un lugar racional y divinamente providencial, en el que la humanidad ocupa un papel privilegiado y central dentro de su funcionamiento. Pero con respecto a la divinidad del universo, las dos escuelas de pensamiento difieren en su interpretación. Mientras que el cristianismo aboga por una fuente divina de vida que existe separada de las masas de la humanidad, los estoicos creían que la divinidad del universo se encuentra tanto dentro como fuera de él.

. . .

Un principio inherente de las enseñanzas de la estoa, sostiene que la humanidad tiene la obligación providencial de actuar sólo sobre la base de la razón, porque la razón es exclusiva de la humanidad y representa un regalo de la beneficencia de los seres universales. Esto contrasta directamente con las nociones cristianas de divinidad. Sin embargo, a pesar de estas diferencias, las congruencias que existen entre los dos modos de pensamiento son indicativas de una comunicación de ideas que se produjo durante los períodos de evolución y solidificación del cristianismo como filosofía concreta.

Es sabido que el prominente emperador romano y erudito estoico, Marco Aurelio, promulgó una persecución generalizada de la religión incipiente durante su reinado en el siglo II d.C. Esto es a pesar del hecho de que muchos de los apóstoles cristianos originales de la era bíblica, predicaron filosofías y formas de vida congruentes con las enseñanzas de Zenón. Se cree que San Pablo de Tarso, fue educado en la forma estoica durante su juventud en el mundo helenístico, y aunque el debate todavía se intensifica sobre la medida en que estas enseñanzas influyeron en su cristianismo, puede ser difícil imaginar que no hubieran causado ninguna impresión en el apóstol cristiano (Grant, 1915). Al comparar las enseñanzas de Pablo con las filosofías del estoicismo, parecen opuestas entre sí, se sabe que Pablo escribió en griego, hablaba griego y se crió en el marco de las inflexiones filosóficas griegas de la época, que eran dominadas indeleblemente por los ideales de la estoa.

A pesar de que sus ideas hayan sido contrarias a las enseñanzas estoicas, el hecho de que existan como reacción al modo de pensamiento predominante contemporáneo de San Pablo, es indicativo de la manera en que el cristianismo y el estoicismo se han entrelazado a lo largo de los años. Algunos de los primeros eruditos cristianos también operaron bajo formas educativas griegas, y la yuxtaposición de estas dos filosofías que existen una al lado de la otra y compiten por las mentes de la población mundial, es emblemática de su relación durante la infancia de la filosofía.

Avanzando, el cristianismo y el estoicismo se acercaron a través de los escritos de estudiosos humanistas europeos del Renacimiento tardío, que buscaron utilizar las enseñanzas del estoicismo para explicar las tragedias del período moderno temprano de la historia europea.

. . .

Justo Lipisio, en su época, utilizó el pensamiento cristiano para analizar la doctrina estoica al intentar aplicar la noción estoica de la indiferencia del mundo hacia el hombre a una discusión sobre la naturaleza del castigo divino. Para Lipsio, y otros eruditos estoicos revivalistas, el mundo indiferente que describe Zenón, es un síntoma de la providencia divina. Esta fusión de filosofía es un ejemplo de las interacciones entre estas dos escuelas de pensamiento.

A pesar de sus diferencias y de la tensión entre ambos, nadie puede dudar de que coexistieron contemporáneamente, y como dos visiones del mundo dominantes que compiten por seguidores, deben haber estado en contacto intelectual entre sí.

EL ESTOICISMO A TRAVÉS DEL TIEMPO

Tras la muerte de Zenón, el estoicismo surgió como una filosófica primaria, practicada primero por los griegos de la época, como Alejandro el Grande, y posteriormente por el imperio romano y varios pensadores al oeste de las tierras helenísticas. De esclavos a senadores, emperadores y primeros cristianos, los ideales del estoicismo y la creencia en la supremacía del pensamiento racional, proporcionaron un contrapeso para los intelectuales en una época en la que el cambio social se extendió por todo el mundo conocido y las costumbres y creencias comúnmente afirmadas de la república romana, dieron paso a los caprichos, menos predecibles, de una multitud de emperadores romanos.

. . .

Los lideres mas conocidos en el mundo, como Marco Aurelio, abrazaron la postura moral propuesta por primera vez por Zenón, y gobernantes locos como Nerón, persiguieron su práctica y la alejaron del terreno común del pensamiento intelectual aceptado, durante su reinado.

Independientemente de cómo era percibido el estoicismo por el primer imperio romano, una cosa queda clara: la escuela de pensamiento, no murió en los escalones de mármol de la antigua Atenas con su progenitor. Ya sea bajo tierra o a la luz del día, los eruditos continuaron predicando la templanza, la virtud y el respeto por la supremacía de la lógica humana, en el orden natural de un mundo que parecía tan tumultuoso en la época de Cristo y las adquisiciones de tierras por parte de los romanos en durante el siglo I D.C.

En este capitulo, profundizaremos en las vidas de los defensores del estoicismo y desglosaremos la manera en que sus debates y teorías intelectuales ayudaron a dar forma a las ideologías que se convertirían en fundamentales, para el pensamiento occidental durante el resto de la antigüedad.

. . .

Desde el esclavo liberado Epicteto, hasta las elevadas alturas del trono de Marco Aurelio en Roma, la difusión y supervivencia del estoicismo habla de su adaptabilidad y el rigor con el que sus seguidores persiguen su amor por la virtud de acuerdo con la naturaleza.

Epicteto

Nacido en la esclavitud durante el reinado de Nerón, Epicteto, representa una figura histórica y un difusor temprano del pensamiento estoico original que permanece envuelto en un misterio. Mucho de lo que sabemos sobre él hoy, se basa en relatos y registros incompletos.

Lo que sabemos, o podemos asumir con un buen grado de certeza, es que Epicteto nació en la Turquía moderna y pasó la mayor parte de su vida como esclavo, propiedad de un liberto rico, quien habría ganado un gran poder y prominencia como secretario de Nerón. Caminaba cojeando, y aunque circulan muchas historias acerca de que su amo le rompió la pierna intencionalmente, con el objetivo de lisiar permanentemente al niño, es igualmente posible que hubiese sido tan sólo un defecto de nacimiento que le impedía caminar correctamente.

Se le conoció por ser un orador poderoso y se ganó un gran respeto después de ganar su libertad, en los años posteriores a la desaparición de Nerón, como un hábil y retórico orador. Disfrutó de una carrera de éxito en Roma tras la muerte de Nerón y su propia emancipación y allí cultivó sus propios aportes a los principios originales del estoicismo.

Lamentablemente, las corrientes políticas de Roma cambiaban con cada nuevo emperador, y tras el colapso de la dinastía Julio-Claudia, una serie de gobernantes débiles e ineficaces se sucedieron. El Año de los Cuatro Emperadores, vio cambios rápidos y predecibles en el clima político del imperio, cada uno trayendo sus propias ideologías y formas de pensamiento a las oficinas imperiales de Roma. Después de ese año horrible, en el que Galba tomó el poder de Nerón y fue a su vez asesinado por Otón, quien fue víctima de Vitelio, quien fue asesinado por las tropas leales a Vespasiano, los Flavios establecieron una especie de serie estable de gobernantes para el dominio del imperio, y la vida comenzó a volver a la normalidad.

. . .

Durante este tiempo, Epicteto enseñó en Roma, predicó su propia versión del estoicismo. Se sabe que estudió durante un tiempo con Musonio Rufo, un senador mayormente olvidado que ganó poca popularidad entre sus compañeros debido a su forma de pensar. A pesar de su recién descubierta libertad, Epicteto, no encontró la vida en Roma como un hombre liberto, tan agradable.

Los gobernantes Julio-Claudianos - Iluminados, si bien no siempre fueron humanitarios y dedicados a la búsqueda de las artes y la cultura, eran favorables a la filosofía y fomentaban su crecimiento y propagación dentro del incipiente imperio. Pero los Flavianos, eran gobernantes de un tipo diferente. Militaristas y esculpidos por los tiempos violentos de los que surgieron, emperadores como Vespasiano y Domiciano dominaron la vida política romana durante casi treinta años y, en ese lapso de tiempo, emitieron decretos como el edicto de Domiciano que prohibía a los filósofos, no sólo de Roma, sino de toda la península italiana en el 89 d.C.

Siguiendo esta prohibición de la sabiduría en las calles de Roma, Epicteto y muchos otros filósofos tuvieron la suerte de escapar con vida del reinado de Domiciano y huyeron a todos los rincones del mundo conocido. El propio Epicteto aterrizó en el noroeste de Grecia, donde vivió y enseñó, y finalmente murió en algún momento de la primera mitad del siglo II d.C. Dejó atrás una gran base de estudiosos para difundir sus puntos de vista sobre el estoicismo y la naturaleza del hombre, que fueron registrados y existen en documentos fragmentados hasta el día de hoy.

Epicteto vio muchas facetas de la naturaleza humana, desde sus días oscuros como propiedad de un señor romano al servicio de un emperador trastornado, hasta su prominencia como filósofo en los días posteriores a Nerón, y luego nuevamente en su exilio a Grecia, donde los únicos registros que se conservan de sus enseñanzas, fueron escritos por un joven alumno llamado Arriano. Los tiempos extraños y siempre cambiantes en los que vivió, y su propia experiencia personal, naturalmente afectaron su visión del mundo y dieron lugar a nuevas concepciones de la filosofía estoica de Zenón. Muchos eruditos hoy lo ven como el heredero aparente del trono del estoicismo, llevando a cabo el trabajo de la generación de Zenón, a través de su adhesión al pensamiento estoico.

. . .

Como muchos filósofos de su tiempo, Epicteto estableció en su obra una dicotomía entre lo bueno y lo malo. Este constante conflicto entre lo que era o no era bueno, creó los males del mundo en el sentido de que las opciones disponibles para hombres y mujeres conducen a errores de juicio. Los errores de juicio llevan a la humanidad a codiciar lo que no es bueno para los hombres individuales ni para la humanidad en su conjunto. En su intento por rectificar estos errores de juicio hechos por la humanidad a lo largo de los siglos, escribió extensos discursos sobre *qué era exactamente bueno*. ¿Qué lo definía? ¿De dónde venía esa definición y quién podía determinar si una cosa era buena o no?

Estas preguntas inquietaron a muchos filósofos helenísticos, desde Aristóteles y Sócrates hasta el propio Epicteto y más allá. La respuesta a esta pregunta de qué puede considerarse bueno, es en gran parte la raíz del movimiento estoico y su rechazo de la búsqueda de la riqueza y la propiedad.

Los estoticos junto a Epicteto declararon que solo las acciones justas y virtuosas podían considerarse enteramente buenas, porque ellas solas, beneficiaban a todos los que las ejercían, a todos los que vivían bajo las restricciones de la virtud y la responsabilidad moral. La riqueza no podría definirse como tal porque, para muchos individuos, proporciona la base de la corrupción moral e incluso puede ser la semilla de la propia destrucción. Esta idea se refleja en la conversión de Zenón a una vida de ascetismo después de su naufragio: todo el oro que hizo comerciando no pudo salvarlo de los poderes de Poseidón. Del mismo modo, como antiguo esclavo, Epicteto era plenamente consciente de cómo los conceptos de propiedad, posesión y dominio, iban en contra de la forma en que el hombre debería actuar, de acuerdo con las leyes de la razón, establecidas por generaciones de filósofos anteriores.

Su estatus de ex esclavo liberado, también tenía implicaciones obvias en otras facetas de su pensamiento. Escribió mucho sobre otro concepto que ha sido inherente al estoicismo a través de todas sus encarnaciones a lo largo de los años: la admisión de que algunas cosas simplemente están fuera del control de los individuos afectados por ellas.

Los estoticos creyeron que otra de las grandes fallas de la humanidad reside en el hecho de que el hombre, a lo largo de la historia, ha tratado de cambiar circunstancias sobre las que simplemente no puede ejercer ningún control. Este tema se repite a través de innumerables piezas del drama griego, Edipo Rey, que sirve como un ejemplo notable. Partiendo de este tema, Epicteto sostuvo que los humanos, a pesar de toda nuestra capacidad intelectual y pensamiento elevado, en realidad tenemos control sobre muy poco. Esto puede sonar severo para el pensador moderno del siglo XXI, pero en el cambio de milenio y poco después, este pensamiento brindó a filósofos como Epicteto la noción de que, si solo tenemos poder sobre lo que reside en nuestras propias mentes, y nada más, entonces el único esfuerzo justo en el que dedicar la vida, era la búsqueda del conocimiento y la templanza de las pasiones que asolaban la mente lógica.

Los problemas del exterior no deberían representar ningún problema para el sabio estoico porque no están bajo el control del sabio. Solo la reacción del sabio a sus circunstancias es controlable y, por lo tanto, solo esas reacciones son dignas de la atención y el cultivo del sabio.

Las contribuciones de Epicteto al pensamiento estoico, literalmente, llenarían volúmenes, y no podemos cubrirlas completamente aquí, pero en general, se puede decir que ha dejado una honda huella en el movimiento estoico que llega hasta nuestros días. Sus intentos de vivir una vida estoica honesta y las consecuencias de esos cambios radicales de estilo de vida lo convirtieron al mismo tiempo en un héroe iconoclasta de la academia de la Roma imperial, y en un anatema para aquellos que buscaban preservar las normas y costumbres sociales. Aunque poco se sabe sobre su vida y su época, hoy sabemos que su pensamiento extremadamente influyente ayudó a dirigir el curso de los filósofos estoicos posteriores.

SÉNECA EL JOVEN

Viviendo en los días de Julio y Augusto César, Séneca el Joven se formó como filósofo en un clima social y político que fomentaba el pensamiento profundo y la introspección entre la élite romana. Como erudito, creció bajo la tutela de los ciudadanos romanos de clase alta, para quienes la búsqueda del conocimiento filosófico era considerada un camino de buena fe hacia el poder y una forma de ganarse el respeto en la sociedad.

En su momento, los romanos rompieron con las costumbres más antiguas y comenzaron a escribir Filosofía en latín, en lugar de hacerlo en griego como originalmente, y la ola de intelectualismo que se extendió con el surgimiento del nuevo imperio alimentó no sólo sus aprendizajes filosóficos, sino también una carrera política robusta y viril que sirvió a la administración de Nerón antes de su exilio por el delito de adulterio con una mujer de la familia imperial (Vogt, 2016).

Fue contemporaneo de cinco emperadores y vivió numerosos trastornos políticos, como los provocados por el temperamento de Augusto y su Pax Romana, el loco reinado de Calígula y la conspiración de los Pisonianos para asesinar a Nerón, por lo que fue condenado y obligado a suicidarse en el año 65 d.C. (Vogt, 2016). Aunque su éxito político se vio limitado por su exilio en el año 41 d.C., continuó durante otras dos décadas aprendiendo y enseñando en el antiguo imperio, generando desarrollos en la filosofía estoica que influirían tardíamente en estudiosos como Epicteto y Musonio Rufo. Esta vida de altibajos, intensa pasión y violencia marcó sus escritos. A través de la producción de una serie de conocidas obras dramáticas, así como de una extensa colección de cartas que aún existen hoy en día, Séneca el Joven llevó la antorcha estoica de Zenón al nuevo milenio, preparando la filosofía para una nueva era, y dando pasos pioneros hacia la creación de una filosofía que pudiera ser adoptada por las masas.

. . .

Su obra hizo mucho para iluminar el nuevo intelectualismo romano, que muchos consideraban una escuela de advenedizos que palidecía en comparación con los filósofos "reales" de Grecia, que escribían en el idioma antiguo y estudiaban en las escuelas antiguas.

Pero los cambios en el estilo de vida experimentados por las clases altas de la temprana Roma imperial eliminaron la noción de que el aprendizaje debía tener lugar en una escuela. Séneca el Joven capitalizó el patrocinio de los romanos ricos – él mismo nació rico y patricio-, y ayudó a construir un nuevo paradigma filosófico que permitió que la filosofía se diseminara en la política, en la guerra, en la vida cotidiana.

Esencialmente, su pensamiento consistía en una filosofía de acción. Predicó el sentido práctico y a menudo rechazó la gimnasia intelectual exagerada que hacía que la filosofía antigua fuera inentendible para el público. Entrelazaba varios aspectos del pensamiento estoico con otros campos de la investigación filosófica y es conocido como un pensador independiente en el sentido de que tomó de los primeros estoicos aquellas ideas que consideró pertinentes, mientras que no dudaba en estar en desacuerdo con ciertas máximas que sentía que habían dejado de funcionar como ideologías efectivas o terapéuticas en su propia época.

Como resultado, su escritura no está empantanada en los orígenes epistemológicos y ontológicos del libre albedrío, ni tropieza con definiciones torpes que oscurecen la esencia de su mensaje. Más bien, escribe claramente, en latín, acerca de cómo se puede emplear la filosofía para lograr un mundo mejor y una vida moralmente saludable. Su accesible estilo de escritura invita a los lectores a participar en la filosofía misma y sostiene que la mera aceptación de los valores y las virtudes tal y como las han delineado los estudiosos anteriores no equivale inherentemente a una adopción honesta del pensamiento filosófico en la vida de uno (Vogt, 2016).

La escritura humanística de Seneca, a menudo centrada en las dificultades de su propia vida, sobre las que reflexiona en debates imaginarios, no se limita a enunciar máximas e ideales sin contexto, sino que pone a sus lectores en la mente de una persona que sufre las crisis existenciales que más importaban a los antiguos romanos y, por lo tanto, sirve al público como ejemplo de cómo se lleva realmente una vida virtuosa.

Sus contribuciones mas notables al pensamiento estoico se encuentran en sus discursos sobre la naturaleza del alma humana, su propósito como vehículo del libre albedrío, y los aspectos psicológicos de la condición humana. Escribe que no es suficiente seguir argumentos o principios de debate, sino que las conclusiones a las que uno llega deben ser recreadas para que el alma, que él percibe como un cuerpo totalmente racional alojado dentro del cuerpo humano, experimente plenamente los beneficios de una buena vida. No es el debate en sí mismo, sino los efectos del debate en las acciones posteriores del debatiente lo que determina si la investigación filosófica conduce a una vida mejor. Esta noción del alma como una, a menudo referida como monismo psicológico, y su dependencia de la acción filosóficamente informada está en sintonía con el pensamiento estoico tradicional en que induce a los lectores a adoptar estas ideas como una forma de vida.

Seneca también hizo grandes contribuciones a la percepción de las emociones humanas por parte de la filosofía, y su trabajo en este campo del estoicismo ha contribuido en gran medida a su evolución a través de los tiempos.

Los primeros filósofos estoicos sostenían que la emoción humana ocupaba el asiento del pensamiento y la acción irracionales, y el estilo de vida guiado de acuerdo con tales emociones no hacía más que dañar las virtudes del hombre. Para vivir una vida de templanza, las respuestas emocionales tenían que ser moderadas y controladas, tenían que ser frenadas y minimizadas para evitar que esas emociones nublaran la perspectiva racional del alma. Pero Séneca argumentaba que era imposible moderar las emociones. Existían dentro del reino de lo irracional, y, por lo tanto, no podían ser moderadas. De acuerdo con Séneca, "el agente ideal se vengará y defenderá a los demás por el sentido del deber, no por la ira o el deseo de venganza" (Vogt, 2016).

A través de sus tragedias y sus epístolas, Séneca hace grandes progresos en la comprensión de las emociones humanas y del poder que tienen sobre el pensamiento. Escribió con claridad y lucidez para que su mensaje fuera recibido por un gran número de personas y, al hacerlo, contribuyó a la supervivencia de la forma de vida y pensamiento estoico durante la turbulencia política de la antigua Roma Imperial. Siglos más tarde, su trabajo todavía sería estudiado y continuaría siendo influyente, y sus pensamientos ciertamente proporcionaron una gran base de trabajo sobre la que más tarde los estoicos construirían.

Marco Aurelio

Aunque muchos filósofos podrían haber cursado más estudios que Marco Aurelio, ninguno de ellos alcanzó alturas tan nobles como el último emperador en participar en la Pax Romana de Augusto César. Ascendiendo al trono en 161 d.C. y gobernando por casi dos décadas, Marco Aurelio es recordado por los historiadores bajo una luz muy contradictoria: algunos ven sus contribuciones al arte del liderazgo y la templanza como la cumbre de la sabiduría ilustrada, y en este sentido ven a Marco Aurelio como la más pura manifestación del rey filósofo de Aristóteles. Sin embargo, esto no nubla el juicio de todos los historiadores. Su actitud hacia los cristianos contrasta fuertemente con su visión benéfica de las mujeres, los huérfanos y los esclavos, y su rechazo de la mentalidad estoica clásica de la filosofía como una forma de vida en lugar de un sistema de pensamiento, que algunos creen que es la semilla del declive del Imperio Romano después de la Pax Romana (Noyen, 1955).

. . .

Como emperador, contribuyó a la persecución de los cristianos dentro del imperio, a la reforma generalizada del sistema legal romano en una era pre-justiniana y luchó contra las revueltas internas italianas y las invasiones alemanas en el interior del imperio. Su reinado fue considerado bastante pacífico, y es recordado por la historia, en su mayor parte, con cariño.

Como filosofo, Marco Aurelio expuso los ideales de los antiguos filósofos estoicos de los siglos anteriores. Es un notable discípulo tanto de Séneca como de Epicteto, y sus obras citan muchos pasajes de los estoicos originales en Grecia (Komtekar, 2018). En sus *Meditaciones*, escribe sobre los ideales clásicos de los estoicos, a saber, que "el mundo está gobernado por la Providencia, que la felicidad está en la virtud, que ésta reside en el poder de uno mismo, y que uno debe enojarse con sus asociados" (Komtekar, 2018).

Sus pensamientos en las *Meditaciones* plantean cuestiones morales muy serias sobre la validez del pensamiento estoico y cuestionan la noción de la bondad inherente del placer y la maldad inherente del dolor. Tal dicotomía, argumenta Marco, puede llevar a un cuestionamiento impío del orden de la naturaleza, que, en el fondo, es la base de toda la filosofía. ¿Qué puede hacer un estoico si se le otorgan beneficios a un hombre malvado mientras un hombre bueno sufre? Esta pregunta alcanza el corazón del grave defecto del estoicismo. ¿Debe un filósofo ignorar esta injusticia? Hacer otra cosa sería ceder a la pasión que engendra la paradoja que llevó a Marco Aurelio a dirigir sus textos filosóficos, divagantes y a veces incoherentes, hacia el estado de derecho y el gobierno de una sociedad justa.

Como líder politico, promulgó cientos de nuevas leyes dentro del imperio para beneficiar a las clases más bajas de los romanos, y esto contribuye en gran medida a su recuerdo como un benévolo y templado rey filósofo en la línea de las nociones aristotélicas de gobierno.

Ampliando esta idea, escribe sobre los roles de los individuos y su respectiva responsabilidad hacia la comunidad en la que viven. De acuerdo con Kamtekar, Marco Aurelio renegó de la noción de un individuo que existe separado de la gran sociedad que dio lugar a los pensamientos, experiencias, reacciones emocionales y visiones del mundo de ese individuo. Esto va en contra del pensamiento estoico tradicional, ya que coloca a las personas en el contexto de la sociedad desde la que ven el mundo. A este respecto, se reduce la falta de incidencia del mundo exterior en la determinación del cambio, un principio primario del estoicismo, y se lo considera un agente capaz de alterar la sociedad humana.

De acuerdo con Aurelias, somos, en cierto sentido, ineludiblemente, productos de nuestro medio ambiente, y como tales, tenemos una deuda con nuestra sociedad para actuar en su nombre. De acuerdo con el pensamiento estoico original, él no vio esta máxima como únicamente aplicable a los romanos dentro de las fronteras del imperio, sino como aplicable a los individuos como ciudadanos de una sociedad mundial mayor.

Apoyo firmemente la noción griega del cosmopolitismo, que sostenía que las personas no son ciudadanos de una ciudad u otra, de esta o aquella provincia, sino que existen como ciudadanos del mundo. Aunque a menudo se le critica por no estar a la altura del espíritu estoico de vivir la filosofía a través de la acción diaria, su ideología sobre lo cosmopolita requiere que el hombre ayude a sus semejantes, y postula que todos compartimos las mismas luchas, que dependemos y estamos en deuda unos con otros, y que los seres humanos están obligados por el honor a actuar con imparcialidad por el bien de toda su sociedad.

Este enfoque egipcio del papel del hombre en un universo racional puede observarse en su código legal, que prometía derechos amplios a los privados de derechos y trataba de hacer que la vida romana fuera más conducente a la participación de la comunidad y a la mejora de la misma. A este respecto, podemos escuchar su filosofía resonando a través de los tiempos en la voz de Immanuel Kant, cuyo imperativo categórico insta a la gente a actuar sólo de una manera que sea apropiada para el beneficio de todos.

Ha sido criticado por los historiadores modernos por exponer con gran detalle las virtudes filosóficas sin estar exactamente a la altura de las enseñanzas, es decir, sin vivir de acuerdo a su prédica. Su reinado se caracteriza por la filantropía y la buena voluntad que extendió hacia las clases inferiores de la sociedad romana. Las mujeres, los huérfanos y los esclavos son los sujetos de la gran mayoría de sus escritos jurídicos, y su reinado vio muchos beneficios para ellos codificados en el aparato jurídico del imperio (Kamtekar, 2018).

. . .

Promulgo códigos legales que hicieron de los esclavos no sólo objetos de la ley, sino también sujetos de derecho y cumpliendo un papel activo. Concedió derechos de libertad a los esclavos a los que los amos se la habían prometido, y aprobó una legislación que ayudó a la sociedad romana a separarse del antiguo patriarcado y forjar un nuevo camino en el que las madres y las mujeres, en general, eran agentes más respetados en los asuntos del hogar.

LA FILOSOFÍA DEL ESTOA

Cuando Zenón de Citio comenzó a predicar su filosofía estoica, la Las condiciones sociales de la Antigua Grecia no eran diferentes de las que existían en el mundo occidental del siglo XXI. La corrupción tanto en el gobierno, como en las altas esferas de la sociedad, corría desenfrenada, y los hombres tenían la estima de los templos y los políticos en mayor consideración que el bien del mundo en su conjunto. En la introducción de su discurso feroz e iconoclasta, *La República*, se queja de estos problemas sociales y promete concebir una sociedad libre de tales trampas nefastas. Sus escritos sobre la estructura social y las instituciones que funcionaban en la sociedad griega antigua fueron vistos como revolucionarios, y muchos encontraron que sus puntos de vista eran demasiado idealistas y no se basaban en la realidad.

. . .

Apesar de los defectos precervados que fueron delineados por sus detractores, este trabajo es conocido como el texto filosófico fundamental sobre el estoicismo del período helenístico, y es visto tanto por los filósofos griegos contemporáneos, como por los historiadores modernos, como un ataque a la influyente obra de Platón del mismo nombre. En *La República* Platónica, los sabios gobiernan todo, y los sistemas de la sociedad se establecen dentro del marco de la oligarquía, mientras que Zenón imaginaba que la sociedad perfecta, era un mundo en el que solo existían los sabios, y ellos se gobernaban a sí mismos sin la ayuda de organizaciones u organismos gubernamentales (Erskine, 2000).

Es bastante interesante, la manera en que organizan sus sociedades imaginarias, es un reflejo de la manera en que desarrollaron sus filosofías. En la república de Zenón, el poder es compartido por todos, al igual que su tipo de filosofía se difundió por las calles para que todos pudieran escuchar y aprender. No hay necesidad de gobernantes porque a todos se les ha inculcado la firme creencia en la supremacía de lo racional. Esto se yuxtapone a la oligarquía platónica, que es representativa de los métodos de enseñanza a puertas cerradas, prominentes en su escuela. Las instituciones sociales consideradas intrínsecas a la naturaleza del hombre, como el matrimonio y el dinero, no tienen valor en la república de Zenón porque, para el filósofo estoico, no proporcionan al hombre más que un escape de la vida virtuosa hacia una vida de pasión hedonista.

En esa época, la nueva filosofía de Zenón, su respuesta revolucionaria respecto al modo de pensar que prevalecía en la antigua Grecia en ese momento, creó escándalo y controversia, y enfureció a muchos filósofos que encontraron que las ideas contenidas en ella, eran inmaduras y carentes de contenido profundo. Pero para entender por qué esta filosofía creó tanto revuelo en la cultura griega, tendremos que entender sus principios y valores y determinar por qué tales puntos de vista fueron criticados y ridiculizados, al mismo tiempo que ganaban suficientes seguidores para dirigir el curso de la investigación filosófica durante los siglos venideros.

En principio, los filósofos estoicos, comenzando por Zenón de Citio, dividieron la filosofía en el estudio de la razón o la lógica, el estudio de la física y el orden natural del mundo a través del cual opera la humanidad, y el estudio de la acción ética y la naturaleza del mal o la maldad.

Sostenian que la búsqueda final de la vida del sabio era vivir virtuosamente, y esto solo se podía lograr viviendo de acuerdo con la razón, que es la forma natural en la que el hombre debe vivir en el mundo. De esta manera, podemos comenzar a ver cómo comienzan a desarrollarse los conceptos básicos de la filosofía. Comenzamos con un universo y un orden racional que actúa sobre ese universo. De esta suposición, llegamos al papel del hombre dentro de ese marco universal. Este papel es una extensión directa del propio universo.

Finalmante, llegamos al objetivo del papel del hombre, alcanzar la virtud a través de una vida filosóficamente introspectiva. Con este tipo de orden impuesto en el mundo que lo rodea, Zenón construyó los fundamentos de una filosofía que buscaba ubicar el mundo natural como una directriz principal, como un motor original. Es a partir de este orden del universo, que todo lo demás surge. Quizás esta noción hable de por qué no tenemos poder para controlar el mundo. Al final, todo lo que sucede a nuestro alrededor tiene un papel representativo en nuestras vidas como el esquema mediante el cual vivimos subconscientemente.

Aunque muchas personas han modificado la filosofía original de Zenón a lo largo de los años, y su propio trabajo no sobrevivió a las mareas de la historia, podemos inferir muchas cosas sobre su enseñanza a través de los discípulos que dejó a su paso. En pocas palabras, en la encarnación original del estoicismo de Zenón, a los estudiantes se les presenta la noción del hombre como algo separado de los animales, de orden inferior en el mundo, en el sentido de que el hombre tiene la capacidad de practicar la razón. Ésta es la base de una gran distinción entre Zenón y las creencias de otros filósofos de la época.

El pensamiento de epicúreo sostiene que la humanidad, para poder alcanzar la felicidad, debe analizar sus propios deseos inherentes, los objetos que impulsan sus deseos, y ordenar la vida en torno a la búsqueda de esos objetos de deseo. Para Zenón, sin embargo, esta cosmovisión ignora la diferencia entre el hombre y la bestia: ya que el hombre tiene lógica y razón, y que el orden del hombre en el mundo natural es inseparable de esa capacidad de pensamiento racional. Aunque los estoicos y los epicúreos tenían muchas creencias similares con respecto a la naturaleza del universo, aplicaron estas estructuras a la condición humana de forma drásticamente diferente.

Para los epicúreos hedonistas, si un niño pequeño se siente impulsado hacia el placer natural como la comida, el agua y la seguridad del contacto de una madre, todas estas cosas deben ser para el mejoramiento del hombre, dado que esos son los deseos más básicos de la humanidad, y lo primero que incluso un niño sabe implícitamente sin que se le enseñe es la búsqueda del placer y esa búsqueda del placer debe ser perseguida por la humanidad también en su madurez. Epicuro creía que al privar a los humanos de aquello de lo que obtienen placer, la sociedad engendra los problemas del mundo.

En contraste, Zenón sostenía que esas mismas búsquedas, son las que engendran los peores aspectos de la crueldad humana, la codicia y el libertinaje. La búsqueda desenfrenada de pasiones, en la mentalidad estoica, refutaba la primacía de la lógica humana y anulaba la divinidad de la providencia que obviamente poseía el hombre. Es por esto que Zenón abrazó el ascetismo tan plenamente en su filosofía. Lo único que la humanidad realmente podía hacer para mejorar su condición, era vivir en la razón y cultivar una visión conducente a la práctica del discurso racional. Todo lo demás era simplemente una distracción del verdadero objetivo estoico de lograr una vida virtuosa.

En cuanto a las leyes de la naturaleza y la física del universo, tal como las entendían los estoicos, el lugar providencial de la humanidad en el cosmos, era perseguir su razón con toda la fuerza de su comprensión psicológica del desarrollo. La autopreservación, significa vivir una vida racional y medida, porque era esa vida es la que heredamos naturalmente y depende de nuestras habilidades de razonamiento dadas por Dios. Para los estoicos, la vida filosófica, la búsqueda de los sabios, gira en torno a la razón, la virtud y el orden natural del mundo que los rodea. La divinidad del cosmos y la inmanencia de los dioses influyeron mucho en sus creencias, y en los últimos años de la antigüedad, el estoicismo comenzó a emprender la tarea del cálculo psicológico, tratando de determinar el sentido de la felicidad y el conflicto de la emoción y la razón.

En este capitulo, llegaremos al corazón de lo que significaba para Zenón ser un estoico, y cómo ese ideal fue moldeado por las enseñanzas clásicas y helenísticas que precedieron le precedieron.

. . .

La Etica de la virtud

La ética en la cosmovisión estoica, al igual que la cosmovisión epicúrea, giraba en torno a lo que significaba sentirse feliz. ¿Qué causaba la felicidad y cuáles eran sus propósitos y funciones en un mundo humano racional? Para hablar de esta cualidad de satisfacción, los estoicos usaron *eudaimonia* para describir la sensación de felicidad que surgía de una vida virtuosa vivida con un ojo atento al marco ético estoico (Baltzly, 2019).

Para conseguir la eudamonia, es necesario asegurar la posesión de aquello que beneficia al poseedor en toda circunstancia. Según los discípulos de Zenón, lo que beneficia al poseedor en todo momento solo puede ser una cosa: la virtud.

Para los estoicos, la virtud era el pilar sobre el que se erigía la filosofía. Para los epicúreos, que dominaron el pensamiento intelectual en los días anteriores a Zenón, la riqueza material, el sexo, la buena comida, el vino y el poder, todas estas cosas conducían a la felicidad porque poseerlas era agradable. A todos les encantaba comer buena comida, asistir a una fiesta, disfrutar de las relaciones con la esposa. Estas cosas eran buenas y saludables, y eran el producto final de una vida bien vivida.

Zenón revoluciono el mundo filosófico de su época al afirmar que estas cosas no eran buenas, sino que caían en la categoría de lo que en realidad era indiferente. Poseer riqueza y una esposa hermosa no aseguraba la felicidad para todos en todo momento y, por lo tanto, de acuerdo con la filosofía de la Stoa, no eran básicamente buenos. Es posible que hayan ayudado a lograr la felicidad de unos pocos selectos lo suficientemente afortunados como para poseerlos, pero hay muchos casos de riqueza que causan corrupción y angustia, y la angustia, al final, le proporcionaron a Zenón la columna vertebral sobre la cual construyó su filosofía ascética y lo ayudó a llegar a la conclusión de que lo único en el mundo, en todo el universo humano, que era verdaderamente *bueno*, era la búsqueda de la virtud.

Virtud, en un marco estoico, puede verse como un término general que cubre aquellas funciones de la mente humana que separan al hombre y al animal. Valor, excelencia de pensamiento, pureza, moderación del impulso: todas estas cosas caían en la categoría de atributos virtuosos de la escuela de pensamiento de Zenón. Esto se debe a que se derivaron de la capacidad del hombre para razonar y pensar racionalmente.

AL estudiar la vision mundial del estoicismo, confrontado por una diferencia importante en las enseñanzas de Zenón y Epicuro. Zenón señaló que los seres con alma —animales y humanos— no perseguían aquello que les resultaba placentero cuando se encontraban en estado natural, sino aquello que les ayudaba a sobrevivir. Seguramente, un león luchando y muriendo para defender a sus cachorros no ve la experiencia como placentera, pero de todos modos se involucrará en tal comportamiento, fuera de un sentido de preservación no solo para sí mismo, sino también para sus familiares. Del mismo modo, los seres humanos individuales pueden perseguir la riqueza y el poder, pero estos en sí mismos no sirven para la supervivencia de él ni de su comunidad.

Asi, para los estoicos, la felicidad no se derivaba del placer, sino más bien de una vida de razón, y una vida de investigación razonable, exigía respeto por las cualidades que uno podría considerar virtuosas. A partir de esta idea, los estoicos llegaron a la conclusión de que el ascetismo era el verdadero camino del sabio, y renunciar a los comportamientos que contribuían al estado de cosas corruptas moralmente en Grecia en ese momento, era el único comportamiento de un ser empeñado en adherirse a la ley de la racionalidad.

la Fuerza de la Entereza Contra las Emociones Negativas

Llevar a la práctica el amor estoico por la racionalidad y la virtud en el mundo real puede parecer difícil en medio de la cultura del consumo, y ciertamente los estoicos originales de los siglos II y III a. C. tuvieron dificultades para lograr que otros se unieran a una estrategia filosófica que parecía tan austera y poco placentera frente al hedonismo epicúreo. Pero las alegrías del estoicismo y su uso práctico como determinante del pensamiento y la acción humana, son más profundas que el placer por sí solo, y a través de su implementación, el pensamiento estoico, conduce a la felicidad de una manera más indirecta y obtusa.

Practicando los valores del estoicismo y tratando de llevar una vida virtuosa como la expusieron Zenón y sus seguidores, nos enfrentamos al problema del mal en el mundo. Las emociones negativas de dolor, la ira y la lujuria, son innatas a la condición humana, y se necesita un verdadero sabio para acabar con su influencia, pero los estoicos predicaban que al adherirse a la razón, un sabio puede liberarse de todas las emociones negativas y tomar decisiones el mundo al "valor nominal", por así decirlo. Al aceptar la presencia del mal y la negatividad en el mundo, los estoicos se liberaron de sus ataduras y permitieron que surgiera un fuerte discurso psicológico y metafísico para poder lidiar con su presencia.

Tomemos a epicteto, por ejemplo. Nacido esclavo y hecho para soportar las mayores dificultades, para superar los obstáculos más elevados para alcanzar la felicidad del hombre. Epicteto tenía todas las razones para revolcarse en el hedonismo después de ser liberado, aunque eligió continuar su vida de razonamiento estoico, de acuerdo con las enseñanzas de Zenón porque, como todos los buenos estoicos, Epicteto creía que las emociones negativas resultan de la idea errónea de que la felicidad es algo que se obtiene mediante la interacción con el mundo exterior y no algo que se debe descubrir a través de la meditación y el arte del autocultivo.

. . .

Para el estoicismo, la adversidad como la esclavitud, la guerra o el hambre son funciones del mundo sobre las que no tenemos control. Estas fuerzas actúan sobre nosotros y no podemos recurrir a ellas, pero somos capaces de controlar nuestras reacciones. Al mantener un sentido de fortaleza, los estoicos se aseguran de no verse afectados por las pruebas de la vida diaria.

La eficacia del estoicismo, como medio para afrontar la adversidad, se pone de manifiesto en las historias de vida de tantos estoicos destacados. La brutalidad del mundo antiguo dio lugar a muchas ocasiones para meditar sobre la naturaleza del mal y cómo manejar su presencia en la vida. A través de sus experiencias colectivas, los estoicos desarrollaron naturalmente un sentido de fortaleza, alojado dentro de sus doctrinas filosóficas que apuntaban a hacer que el estado mental del hombre fuera impermeable a las luchas externas. Esto está en consonancia con la filosofía oriental y es una de las conexiones principales entre las escuelas de pensamiento helenísticas discutidas en este libro y otras filosofías como el taoísmo o el budismo.

Esta creencia encarna un principio fundamental del estoicismo como filosofía en la práctica. Se basa en la suposición estoica de que las emociones, no se ejercen sobre los seres humanos o el producto de fuerzas externas que ejercen energía sobre el alma humana, sino que son más bien el producto del alma humana misma y caen dentro del ámbito de lo que puede ser controlado por la templanza humana. Ajustando la manera en que uno reacciona ante los agravios, inconvenientes, tragedias y similares, se pueden moderar sus emociones y generar un discurso más racional en torno a los orígenes del descontento.

El llamado estoico a la regulación de las emociones, a menudo se ha bastardado a lo largo de los siglos y es, en gran parte, una de las razones de la reacción violenta contra el pensamiento estoico durante el período de la historia europea que abarca el Renacimiento y la Ilustración. Los pensadores de aquellos tiempos simplemente no creían que negar la pasión conduciría a una mejor forma de vida. Pero esto es un concepto erróneo, ya que los estoicos no predican completamente el rechazo y la negación de las emociones. Como ya se señaló, Séneca creía que cualquier intento de moderar las emociones de uno estaba condenado al fracaso porque, por naturaleza, existían fuera del ámbito de la razón y, por lo tanto, no podían ser controladas solo por el pensamiento razonable.

. . .

En lugar de acabar con la emoción por completo, la filosofía estoica sostiene que, al moderar nuestras reacciones y percepciones, al ignorar las nociones preconcebidas y las normas sociales relacionadas con cosas como la comisión de un delito o la existencia de corrupción, podemos cambiar la forma en que estos males nos afectan. Podemos aprender a adoptar una posición de apatía estoica hacia las pasiones tanto positivas como negativas, y así aprender la sabiduría predicada por Zenón. Esta noción aparece con frecuencia a lo largo de los siglos, desde Epicteto hasta Séneca, y es una piedra angular de la filosofía.

En un sentido, la fortaleza contra las emociones negativas es el juego final de la filosofía estoica. En un mundo acosado por los males de las emociones humanas corruptas y las acciones derivadas precipitadas por tales emociones, el estoicismo ofrece una salida para aquellos que buscan mejorarse a sí mismos y, por extensión, al mundo que los rodea. Es por eso que Séneca sostiene que el sabio no reacciona adversamente a los males de la condición humana como el vicio, la guerra y el dolor del duelo, sino que "pone una sonrisa ... porque su alegría da esperanza" (Vogt, 2016).

. . .

Sus pensamientos al respecto son un ejemplo perfecto de cómo el estoicismo existe en el mundo, no solo como una filosofía para ser debatida por los intelectuales, sino también como una guía para enseñar al profano a llevar una vida virtuosa con el objetivo de beneficiarse a sí mismo y a los demás. Puede surgir una situación adversa, pero al ajustar la percepción que uno tiene de esa adversidad, uno se libera de la noción preconcebida de que un comienzo negativo debe resultar en un fin negativo.

Un mal no se corrige con un mal adicional, en la cosmovisión estoica, la única forma de confrontar razonablemente la adversidad, es recordar no dejar que la reacción emocional de uno al estímulo se desboque, uno puede soportar incluso las dificultades de Epicteto con grilletes, o Séneca en la loca corte de un emperador asesino.

El Naturalismo y la Cosmovisión Estoica

No hay forma de discutir el naturalismo de los estoicos sin discutir su creencia en los dioses. Para los estoicos, el universo es de naturaleza divina, mediado y gobernado por los principios de una deidad o deidades y que sirve al propósito establecido por esa deidad. Los seres humanos encajan en este mundo como criaturas racionales dotadas de nuestra racionalidad por un dios benévolo. De esta manera, filósofos como Epicteto ven el pensamiento humano como una especie de rama de la misma providencia divina que actúa en el ordenamiento del universo. Dios para los estoicos representa la vida y la vitalidad del universo y existe tanto corporalmente como en forma de una sustancia divina dentro de nosotros.

Una de las curiosidades de la física estoica, radica en la orientación biológica de sus opiniones sobre la naturaleza de las deidades. Para los estoicos, Dios (o dioses) eran seres materiales, compuestos de los mismos átomos que componían el mundo, el hombre y el cosmos. Además, la naturaleza de las deidades se asemeja a un fuego, que da vida y calidez a lo que se esfuerza por crear.

Debido a que las deidades de los estoicos eran seres totalmente racionales, y la disposición racional del universo surge de la naturaleza racional de la deidad responsable de su creación, los antiguos seguidores de Zenón describieron a Dios, como una especie de "aliento caliente" o fuego ardiente. Esta definición puede, en gran parte, estar inspirada en la temprana teoría medicinal helenística, y su dependencia de un cosmos de orientación biológica, establece una importante disonancia doctrinal entre otras filosofías de la época.

Los epicúreos creyeron que dios era material, similar a las creencias de los estoicos, pero para ellos, las deidades no eran seres racionales que inculcaran su racionalidad en sus propias creaciones. Más bien, Los epicúreos creían que el orden del cosmos era aleatorio, la función de la colisión atómica como la entendían los antiguos griegos, y la deidad creadora, era un ser indiferente que hacía mucho tiempo que se había separado de los destinos y temperamentos de la humanidad.

Para el cristianismo, Dios es una deidad benevolente y consciente, no muy diferente de la encarnación estoica, pero las similitudes terminan ahí. El dios cristiano está completamente separado del hombre individual. Esto marca una gran diferencia en la forma en que estas dos escuelas de pensamiento interactúan con la cuestión de la providencia. Los estoicos afirman que, en cierto sentido, todos tenemos un pedazo de dios dentro de nosotros.

Todos tenemos esa semilla de racionalidad con la que fuimos dotados a través de un dios racional. Los cristianos, por otro lado, sostienen que Dios es un estado inalcanzable de perfección al que el hombre no puede aspirar.

Quizás el punto de vista de Estoico con respecto a las deidades y su naturaleza, contribuyó a la supervivencia duradera de la filosofía como una forma de vida. Al tomar los poderes de una deidad e inculcarlos en el alma misma de la humanidad, los estoicos crean una cosmovisión que permite a sus adherentes a participar en el orden divino de las cosas, en lugar de mirar como un observador pasivo.

La inaccesibilidad del dios cristiano y la naturaleza indiferente del dios epicúreo, hacen que la interpretación estoica de estos temas sea más atractiva y más propicia para la superación personal. Al colocar las cualidades de dios directamente dentro del alma humana, la filosofía estoica engendra un mayor sentido de participación para determinar el destino de uno. Los mismos "procesos de pensamiento", a falta de un término mejor, que estuvieron en el trabajo en la creación del universo, también están en el trabajo dentro de la creación del pensamiento, la emoción y la personalidad humana.

. . .

Esto tiene un efecto de poder en el creyente porque deja espacio para la "unidad" universal que es crucial para el estado de ánimo estoico con respecto a la organización del universo. Debido a que la deidad racional responsable de crear el universo, dotó sus propias características dentro de su creación, todo en el universo existe con una especie de armonía que informa nociones estoicas como la primacía de la racionalidad.

Seneca también escribió insistentemente sobre la ley natural vista por la filosofía estoica, tanto en lo que respecta al respeto como fuente de temor para los humanos, como en su posición en relación con la cosmovisión determinista que predica la filosofía.

Para Seneca, "el feto ya contiene la semilla de su muerte, los inicios del mundo contienen su fin" (Vogt 2016). Para poner esta posición en línea con el resto de la filosofía, se puede afirmar que, si el mundo es un lugar determinista por su propia naturaleza como producto del ordenamiento racional y razonable ordenado por Zeus, entonces las fuerzas de la naturaleza y los efectos de esas fuerzas en el mundo humano, pueden ser vistos por los estoicos de manera muy similar a como los estoicos ven la adquisición de dinero o propiedad: ni bueno ni malo, sino indiferente.

Caen en el campo de las cosas que no se pueden controlar y, por lo tanto, deben servir al estoico recordándole que los aspectos de la muerte y los desastres naturales están predeterminados por las deidades y son juicios definitivos sobre los que la humanidad no tiene poder. Puesta en acción dentro de su marco moral, esta noción permite al estoico ver la muerte, no como una tragedia, sino como una especie de rito o ritual en el que todos participan, del que todos son parte.

En Seneca, el propósito del mundo natural es recordarle a la humanidad su propia mortalidad. Las estaciones del año, los peligros de las mareas altas, los eventos aparentemente aleatorios del mundo griego antiguo, como los terremotos o las erupciones volcánicas, son solo encarnaciones de la providencia divina, que puso al mundo en movimiento en primer lugar. Esta idea se utiliza para reforzar aún más los argumentos de igualdad de muchos pensadores estoicos. Si la muerte es el gran igualador y una experiencia compartida de ricos y pobres, hombres libres y esclavos, ¿hasta qué punto las posiciones sociales ocupadas por una persona durante su vida determinan realmente la calidad de vida de esa persona?

Este ideal es reproducido en las Meditaciones de Marco Aurelio, cuando plantea la cuestión de la "providencia o los átomos" como factor determinante del orden del universo. Sigan o no el universo y sus contenidos, la forma de pensamiento estoica, diseñada por la providencia, o la idea epicúrea de que son el producto de colisiones atómicas en un espacio vacío de otro modo aleatorio, Marco Aurelio, usa la cosmovisión estoica para argumentar que las riquezas de la sociedad contemporánea en el siglo II en Roma, deben ser indiferentes, porque no hay una asignación razonable de estos recursos entre los hombres buenos y los malos.

Este es un ejemplo de Marco Aurelio lidiando con sus enseñanzas estoicas en su diario, e intentando llegar a una resolución filosófica sobre la naturaleza del bien y el mal, utilizando el estado de ánimo naturalista propuesto por primera vez por Zenón. Aboga por un mundo providencial y afirma que la búsqueda de la felicidad a través del exceso hedonista, debe ser una puerta de entrada a la felicidad falsa, simplemente porque tales búsquedas no están en consonancia con la creencia estoica sobre la física del mundo. Si la riqueza no se distribuye uniformemente de acuerdo con la racionalidad y la virtud del hombre, afirma, no debe ser "bueno" en el sentido estoico original de la palabra perseguir tales cosas. Estas búsquedas serían contrarias al orden natural, y son una borrón y cuenta nueva de la divinidad y del arreglo providencial del cosmos y del mundo.

Que dios es fundamental tanto para el mundo natural como para el humano, es un principio básico de la cosmovisión ecológica estoica, pero no encapsula todos sus pensamientos sobre la naturaleza funcional de nuestro mundo. Los estoicos también creían en la naturaleza cíclica del planeta, como lo demuestra el ciclo de vida humano y otras observaciones empíricas del mundo que los rodea, y estas creencias tienen implicaciones para sus dilemas éticos y filosóficos.

Este reconocimiento de la estructura cíclica del mundo, más tarde informó sus pensamientos sobre la causalidad y el determinismo y fue una pieza de información básica, que se tomó como una premisa aceptada cuando discutieron o debatieron el papel de Dios en la determinación de los eventos del universo.

. . .

Para el estoicismo, a pesar de que el mundo en el que vivimos está tan fuertemente determinado por los acontecimientos, las personas y las cosas que nos han precedido a ayudar a moldear el medio que heredamos, las acciones que una persona elige realizar, son tanto el producto de su propia toma de decisiones, su propia experiencia y sus propias virtudes, como una función del destino o el determinismo.

Esto es porque, para un estoico, las reacciones, la voluntad y los pensamientos de uno, dependen enteramente de uno mismo, y la naturaleza determinista del universo no equivale a un mundo en el que las personas no tienen injerencia sobre sus acciones o pensamientos.

EL ESTOICISMO MODERNO

Como se mencionó anteriormente, el estoicismo como filosofía, marco educativo, y una forma de vida que figuraba en gran medida en el mundo antiguo, desde Grecia hasta Roma, sus influencias eran muy extendidas, y la accesibilidad de los maestros antiguos a los seminarios y discusiones que se llevaban a cabo en espacios públicos, ofreció al público una visión de la filosofía en acción, que pensadores anteriores como Aristóteles y Platón no habían podido ofrecer a la población debido a su privacidad y organización a puertas cerradas de las instituciones educativas en la Antigua Grecia.

Debido a que Zenon era un iconoclasta que buscaba cambiar el mundo intelectual con su forma de vida y sus enseñanzas, se convirtió en una figura pública para la gente de Atenas, y sus enseñanzas fueron recordadas y seguidas por un gran número de personas.

Más allá de la antigüedad, el estoicismo parece haber pasado de moda y fue ignorado u olvidado en gran medida a lo largo de los siglos de hegemonía cristiana durante la Edad Media. Las preguntas sobre la corporalidad de Dios y la naturaleza física del alma, preocupaban a los filósofos de la Edad Media y estos puntos de vista a menudo se consideraban contradictorios con las enseñanzas de la iglesia, flagrantes y ofensivos para aquellos que estudiaban el arte del conocimiento en los monasterios, bajo la atenta mirada de los abades, que controlaba los medios de publicación y difusión de la información en una época en la que la tecnología de impresión no existía.

Estas contradicciones entre la forma antigua de pensar y la cosmovisión judeocristiana más moderna, dieron lugar a una escuela de pensamiento en los siglos XVI y XVII conocida como Neoestoicismo.

. . .

Los neostoicos, fueron un grupo de filósofos que buscaron fusionar los dos discursos en un campo de estudio unificado, que encarnaría las enseñanzas de ambas disciplinas, al tiempo que proporcionaba a los adherentes un medio para dar sentido a la violencia religiosa drástica y brutal que barrió Europa durante el siglo XVI y principios del siglo XVII. El padre fundador del neoestoicismo, Justo Lipsio, nació como católico en la Bélgica actual, aunque enmendó su fe y cambió de lealtad muchas veces durante su vida. Debido a esto, muchos contemporáneos criticaron su filosofía y buscaron minimizar la importancia de su trabajo.

A pesar de sus cambios de religión, Justo Lipsio todavía se convirtió en un filósofo destacado y ha dejado una impresión duradera del estudio del estoicismo a través de su trabajo de análisis de Séneca.

De muchas formas, la época en la que vivió, afectó el curso de sus inclinaciones filosóficas, y hoy se le recuerda como un antídoto a la brutalidad de filósofos como Maquiavelo (Papy, 2019). Defensor de toda la vida del monarquismo basado en principios estoicos, publicó escritos políticos destinados a subvertir la idea promulgada en el libro fundamental de Maquiavelo, *El príncipe*.

. . .

La monarquia absoluta no debe barase en la adquisición de poder, según Lipsio, sino más bien en las respuestas emocionales templadas y estoicas de un gobernante verdaderamente justo.

Dados los tiempos en que vivió, no es difícil imaginar por qué Justo Lipsio quiso escribir sobre los orígenes del poder político y el equilibrio de poder entre los monarcas absolutos y los súbditos que gobernaban. Con la guerra civil desenfrenada en todo el continente europeo, las exaltaciones filosóficas del regicidio y la revuelta, eran un lugar común y muchos escritores argumentaron, que la capacidad del pueblo para derrocar a un gobernante injusto era la única forma de evitar que los gobernantes se volvieran injustos en primer lugar. Para Lipsio, esto era una afrenta a las enseñanzas de Séneca. Propuso que, al educar a la realeza de Europa en tales enseñanzas, la necesidad de la rebelión sería discutible y que la armonía inicialmente prevista casi dos mil años antes en la República de Zenón, sería una realidad plausible.

A pesar del hecho de que Lipsio nunca logró provocar el surgimiento de la monarquía estoica, sus enseñanzas siguieron siendo influyentes durante siglos después de su muerte, y prominentes filósofos morales de períodos posteriores están en deuda con su trabajo por sus propias concepciones de la justicia, la virtud y la naturaleza.

Sus escritos sentaron las bases para el movimiento humanista y la Ilustración, y de muchas maneras, propagó las enseñanzas estoicas originales, incluso intentó fusionarlas con la ética cristiana con la que eran descaradamente incompatibles.

En décadas mas recientes, el estoicismo ha experimentado otro renacimiento y es una vez más una escuela de pensamiento activa con practicantes que buscan mejorar sus propias vidas y las vidas de aquellos que se encuentran a su alrededor. Ha evolucionado desde la encarnación original de Zenón para ser más aplicable a la vida en el mundo moderno, pero los principios básicos siguen siendo los mismos: el mundo actúa de acuerdo con su propia naturaleza, y como participantes de este mundo, estamos sujetos a esa naturaleza, para bien o para mal. No es el lugar del sabio en el mundo preocuparse por lo que no se puede cambiar, sino modificar lo que sí se puede en el esfuerzo por lograr la felicidad estoica.

. . .

Esto se realiza a través de las aplicaciones prácticas de la psicoterapia y la terapia cognitivo-conductual y, de hecho, muchos de estos discursos psicológicos, están influenciados o fundamentados en algunos de los principios establecidos por los filósofos estoicos de la antigüedad. Las técnicas y disciplinas psicológicas que son anteriores a la terapia cognitivo-conductual, como la Terapia Racional Emotiva (RET) de Albert Ellis, han estado en práctica desde 1955 y están fuertemente influenciadas por el trabajo de los filósofos estoicos (Ellis, 2007).

Para el resto de este libro, tomaremos lo que hemos aprendido sobre los estoicos, sus pensamientos y vidas, y los tiempos en los que vivieron, e intentaremos rastrear la aplicación de esa escuela de pensamiento en los siglos XX y XXI, e inspeccionar esta nueva amalgama de discurso filosófico y psicológico en busca de métodos que puedan utilizarse en el interés de llevar una vida más productiva y positiva.

No Estas Siempre en control

. . .

Albert Ellis, el padre de la Terapia Racional Emotiva Conductual (TREC) y uno de los principales defensores del pensamiento estoico en la psicología moderna, argumenta que los seres humanos son impulsados a la acción, no sólo por su propio conocimiento y ser, sino también por el mundo que los rodea. Las respuestas individuales a determinados estímulos, son los descendientes causales no de la observación pasiva del mundo, sino del deseo constante del sujeto de crear una realidad personal a su alrededor. Las percepciones son un factor importante en este marco, y las nociones de Ellis se basan en gran medida en el pensamiento estoico temprano relacionado con el tema del deseo. Los problemas emocionales engendrados por el fracaso en el logro de objetivos, la falta de éxito, o la gran cantidad de otros males a los que nos enfrentamos en el mundo moderno de hoy, se basa en los mismos problemas que Epicteto y Zeno encontraron en sus propias culturas.

Basicamente, los deseos no siempre se ajustan a la realidad. Así como los estoicos sostenían que el mundo existe fuera de la humanidad y actúa sobre ella y que la única respuesta racional de la humanidad a esas acciones residía en un cambio de perspectivas, pasando de cambiar el estímulo a cambiar la reacción al mismo, también la TREC de Ellis sostiene que las condiciones emocionales surgen cuando la gente se niega a limitar sus expectativas o no logra tomar el mundo como realmente es, como una entidad fuera de su propio control.

Asi que, ¿cuáles son las implicaciones de un mundo fuera del control humano? Ciertamente, en la era postmoderna, en la Era Digital, la actividad humana se relaciona tan fuertemente con "el mundo" que incluso nuestra climatología y el curso de los desastres naturales parecen estar afectados. Esto parecería restarle valor a lo que Zenón, Séneca y Marco Aurelio argumentan desde la antigüedad, pero ¿son sus lecciones realmente válidas en el ámbito moderno? Parecería que, al considerar a la humanidad como un todo, muchos de los males del mundo están firmemente dentro de nuestro control, pero esto sería considerado como una ilusión a la luz de la filosofía estoica.

Pienso que puede parecer que la "gente" ha tenido un gran control sobre el curso de la historia, las personas individuales a menudo se quedan con poca o ninguna agencia en un mundo cada vez más automatizado, cada vez más desprovisto de interacción humana. Para adherirse al pensamiento estoico original, uno tendría que aceptar primero que la marea de la historia actúa sobre los humanos, y no al revés.

Este es un pensamiento verdaderamente negativo, cuando se aborda a través de los discursos de los valores de hoy en día, y es particularmente polémico para la visión del mundo individualista americana que ha dominado los últimos siglos. Pero mirar esta reflexión bajo una luz diferente, sería reorganizar la perspectiva del argumento: seguro, podríamos no estar en control de todo, y muchas de las cosas sobre las que no tenemos control, alteran o afectan el curso de nuestras vidas, pero esta realidad le da al estoico moderno una sensación de libertad de la ansiedad y el estrés que tan a menudo se asocia con el estrés de la vida moderna.

Mientras que es fácil revolcarse en la desesperación por los automóviles defectuosos, o los terrores agitados del transporte público, o la escasez de alimentos y la guerra y el fantasma de la Era Imperial que aún enturbia las aguas de la Era Digital, es absolutamente difícil ver estos factores estresantes como algo irremplazable, innato a la experiencia del humano moderno. Pero si abrazamos las enseñanzas estoicas de la antigüedad, podemos llegar a ver que el no tener control sobre tales factores de la vida, nos da la libertad de decidir cómo queremos reaccionar frente a ellos.

Y, como han argumentado tantos filósofos estoicos en el pasado, cambiar la forma en que reaccionamos es restablecer todo el paradigma de la humanidad como un conglomerado sin agentes. Quizás al negarnos a ser perturbados por las pruebas de la vida, podemos llegar a un punto de reconocimiento, en el que reconocemos que esas mismas pruebas que causan tanta angustia son, de hecho, solo otra capa de la vida y, como tales, son fácilmente ignoradas, como sólo tangenciales a nuestro estado de felicidad.

Seguro, el mundo no está bajo tu control, pero al abrazar el estoicismo, esto dejará de importar. Lo único que le importará al sabio estoico moderno, es su reacción frente al mundo. Cuando esta realidad alcanza su máximo potencial, es imposible empantanarse con los peligros de la vida, porque lo que importa es que tenemos control sobre nuestras emociones, y nuestras emociones, a su vez, son responsables de nuestro bienestar y felicidad.

Haciendo lo mejor de lo peor: conforme a tu realidad

. . .

En la era moderna, muchas de las doctrinas originales de Zenón han pasado de moda y ya no se consideran vitales para el mantenimiento de la felicidad o la virtud. En el sentido original, el camino del sabio estaba encadenado por una adherencia intransigente a las leyes de la naturaleza, que, según la definición de los primeros estoicos, implicaba vivir la vida racionalmente y en sintonía con sus puntos de vista sobre el discurso ético.

Considerando los avances científicos y los logros culturales de la humanidad en los milenios intermedios, la cosmovisión y la percepción de las leyes de la naturaleza tal como las delinearon los primeros estoicos, difícilmente pueden considerarse doctrinas. En lugar de decidir vivir de acuerdo con las leyes de la naturaleza universal, el estoicismo moderno ha decretado que el universo es descarada y abyectamente indiferente a la humanidad.

Esto, obviamente, substituye preguntas preocupantes para la adherencia a las viejas formas, ya que las potencias de la filosofía estoica en los períodos clásico y helenístico, estaban de acuerdo en que la racionalidad del universo representaba una especie de racionalidad de la mente humana, y dado que ambas fueron organizadas por la misma especie, ambos eran, en cierto sentido, del mismo tipo. Las atrocidades cometidas por el hombre contra su prójimo, aunque no están ausentes del mundo antiguo, se han convertido en recordatorios duros y claros de la ingenuidad de los antiguos filósofos, y constituyen una prueba de que el mundo no puede considerarse un objeto bastamente racional o bueno.

El estoicismo moderno busca vincular su marca de filosofía a la vida cotidiana de una manera similar a la del Zenón de antaño, pero con objetivos diferentes. En lugar de buscar estar en armonía con un mundo que es claramente inarmónico, los defensores del estoicismo moderno imploran a sus seguidores que estén en armonía con su propio mundo particular.

La escuela del estoicismo moderno, de esta manera, es una doctrina introspectiva, de superación personal más de lo que busca ser un ejemplo de pensamiento que curaría los males del mundo. Casi se puede decir que los ecos de Zenón se han ido distorsionando a lo largo de los años y que, en la era moderna, sus enseñanzas están encaminadas a hacer del mundo un lugar mejor haciendo de sus habitantes un lugar mejor, y esto solo se puede hacer, primero, estando en paz con el mundo social, cultural, emocional, político y psicológico en el que residen los individuos.

A fin de estar en paz y en un estado de aceptación con respecto a su entorno personal, un individuo debe tratar de comprender que las cosas que no se pueden cambiar no deben sufrir el intento. En lugar de desperdiciar energía en un proyecto infructuoso, el estoico está más contento de trabajar en aceptar la adversidad por lo que es, y despojar las respuestas emocionalmente apasionadas del léxico psicológico de uno, cuando se enfrenta a una adversidad inalterable.

Esta filosofía libera energía y producción creativa, que puede dedicarse a usos más efectivos y razonables del tiempo y la capacidad intelectual. Si Ellis tiene razón al suponer que las expectativas poco realistas y los ultimátum-en-lugar-de-las-metas son la semilla de muchos tipos diferentes de neurosis, entonces el acto de conformarse con la propia realidad personal, podría ayudar a superar las aflicciones asociadas con los principales diagnósticos psicológicos. (Ellis, 1991).

• • •

Bajo esta luz, ser dueño de una realidad, significa llegar a un acuerdo con las propias habilidades, o el tipo de cuerpo de uno, o los propios antecedentes y educación, y decidir cómo utilizar mejor esos atributos para obtener beneficios personales. Solo a través de este camino alguien puede fomentar la injerencia. Si uno criticara sus propios atributos, los cuales son inalterables, emergerían en el panorama psicológico como obstáculos insuperables que impiden el crecimiento personal y emocional. Se convertirían en los mismos factores de estrés que el pensador ilustrado busca desafiar.

El desarrollo de la injerencia, a través de la aceptación de uno mismo es un principio importante en la nueva marca del estoicismo. Al desarrollar la injerencia y la capacidad de actuar en nuestro propio entorno a través del pensamiento y la acción, nos permitimos la capacidad de ejercer el libre albedrío.

El Libre albedrío Y La Respuesta Emocional

El libre albedrío es un principio central de muchas de las principales filosofías que han cautivado la imaginación humana desde la época de los grandes filósofos de Grecia. Los cristianos, lo aceptaron como una herencia de la erudición anterior, y sirvió como la principal fuente de la cual brota el mal en el mundo. El filósofo alemán del siglo XIX encontró un oído agradable en Frederick Nietzsche cuando afirmó que "el intelecto no es un espejo del mundo, sino un instrumento de la voluntad" (Ure, 2009). Teorizar el intelecto de la humanidad como una herramienta utilizada por nuestro propio libre albedrío, ayuda a liberar el concepto de libre albedrío, de la noción de que se ve afectado negativamente por nuestras emociones.

La historia de Eva en el Jardín del Edén es una historia común conocida en todo el mundo como un asalto condenatorio a la belleza del libre albedrío. Para los teólogos cristianos, fue la intemperancia de Eva y su falta de voluntad que la llevó a aceptar la oferta de la serpiente, arruinando la inocencia de la humanidad en el proceso y estableciendo la doctrina de que el libre albedrío debe ser gobernado por la moral cristiana. En este paradigma, el libre albedrío. es el producto o la causa de la interferencia emocional asociada con la pasión humana.

El libre albedrío es visto por los estoicos bajo una luz diferente. Remontándonos hasta Epicteto, la voluntad de la humanidad se ha visto como un atributo positivo. Nos hace responsables de nuestras acciones y nos da el grado crucial de libertad que los humanos asocian con su estado más natural.

La capacidad de pensar por nosotros mismos, definir nuestras propias realidades y construir marcos de discursos educativos, psicológicos y filosóficos, depende de nuestra libertad de elección. Para el estoico moderno, esta es una herramienta poderosa para ayudar a mediar una vida estresante en la atmósfera frenética de hoy. La máxima de que nuestra voluntad de elegir, nuestra capacidad de deliberar y establecer lo que nos parece más agradable, es inherente a nuestras identidades personales. Nos permite reflexionar, no sobre el papel de las emociones en la determinación de nuestra voluntad, sino más bien el papel de nuestra voluntad en la determinación de nuestras emociones. Es fácil perder el control de las propias emociones frente a un estrés aparentemente insoportable, pero si nos recordamos que todavía somos responsables de la pérdida de control, y que tenemos el poder de elegir lo contrario, podemos mitigar los sentimientos de ira y desesperación cuando surgen como resultado de circunstancias negativas.

. . .

Aunque no es un estoico propiamente dicho, el prominente filósofo del siglo XIX, Frederick Nietzsche, intentó a través de su trabajo el establecimiento de una forma filosófica de terapia para aquellos que no encontraban alivio en un mundo empeñado en la destrucción de la felicidad individual, y propuso que las emociones, "derivan y registran nuestra evaluación de nuestro poder para moldear o controlar el mundo exterior" (Ure, 2009).

Es de la incapacidad del hombre para comprender su incapacidad para moldear todo en el mundo exterior, que las emociones negativas surgen para obstruir la felicidad, la productividad, el pensamiento libre y todo lo demás asociado con una persona feliz y exitosa. Esta confusión da paso a la desesperación y la creación de artificios y construcciones destinadas a crear la ilusión de control, como la deificación de los patrones climáticos y los desastres naturales comunes a prácticamente todas las culturas antiguas.

Pero para abordar este dilema con una nueva perspectiva sobre el libre albedrío, podemos comenzar a desentrañar cómo una voluntad firme puede sortear la desesperación descrita por Nietzsche. Después de todo, tenemos la voluntad de elegir nuestros pensamientos, lo que engendra la voluntad de decidir si lidiamos o no con nuestra ineficacia personal en primer lugar. Al elegir —un acto de libre albedrío— ignorar las circunstancias negativas como motivo de alarma, estamos eligiendo efectivamente obstaculizar nuestra conexión emocional con la situación que está dando lugar a la reacción de estrés.

Poner el libre albedrío en una posición de primacía, al considerar su relación con la emoción humana, le da al individuo más capacidad para determinar el resultado de sus esfuerzos y esperanzas, porque elimina la capa de incertidumbre que proviene de una respuesta demasiado emocional. Ayuda a mantener la cabeza clara y la capacidad de debatir racionalmente sobre una circunstancia, y proporciona al sabio una herramienta valiosa en su arsenal de técnicas para soportar las luchas del mundo moderno de una manera filosóficamente virtuosa.

IMPLEMENTANDO EL ESTOICISMO

Los estoicos, a lo largo de los siglos han defendido la inutilidad de la investigación filosófica si no conducía a un cambio mensurable en las acciones o el estilo de vida de uno. Desde los estoicos originales hasta los revivalistas como Justo Lipsio, los filósofos estoicos han propuesto durante mucho tiempo, proporcionar a sus audiencias ideas proscriptivas sobre cómo poner en práctica sus filosofías en el "mundo real". Con el advenimiento del estoicismo moderno, este esfuerzo proscriptivo por proporcionar a los lectores y académicos un esquema para representar los cambios que desean realizar, se ha ido disfrazando de terapias psicológicas y diálogos que abordan las circunstancias que rodean los trastornos emocionales.

. . .

Desde el estoicismo moderno original, Albert Ellis y su Terapia Racional Emotiva, a otras encarnaciones de la terapia cognitivo-conductual que se moldean alrededor de la máxima estoica de que las emociones negativas surgen del pensamiento negativo, muchos de los principales académicos que publican hoy sobre el estoicismo moderno, están de acuerdo en que la depresión y las perspectivas negativas son el resultado de puntos de vista desalineados de cómo *debería ser el mundo.*

Desafortunadamente, para aquellos que sufren de depresión como resultado de los cuatro marcos establecidos por Ellis, no tenemos control sobre cómo debería ser el mundo, ni voz en su función, excepto cuando esa función se cruza con nuestras propias acciones y vidas. Más importante aún, incluso la afirmación de que el mundo es o no es como debería ser para cultivar la felicidad, se basa en una suposición incorrecta de que el mundo debería ser de alguna manera en particular.

Siguiendo el antiguo pensamiento estoico, podemos argumentar que el mundo está diseñado por un designio providencial, y si no somos capaces de aceptar esa explicación debido a nuestra modernidad o nuestra incredulidad en poderes superiores, todavía debemos inferir que el mundo está trazado por las maquinaciones de la historia que se extienden siglos antes de nuestro tiempo. Ciertamente, esto no implica que los seres humanos no puedan hacer nada para mejorarse a sí mismos o al mundo y, de hecho, la fusión de la psicología y la filosofía encarnada por el estoicismo moderno, representa un intento de hacer precisamente eso. La metodología es poco ortodoxa: la TREC y sus descendientes cognitivo-conductuales se derivan de la noción estoica de que ciertos aspectos de las funciones del mundo están fuera de nuestro control, y todas estas clases de psicoterapia están firmemente dedicadas a la noción de que, para cambiar nuestros pensamientos, primero debemos cambiar nuestras asociaciones y congruencias mentales de larga data.

Esto no significa que el estoicismo moderno sea incapaz de cambiar el mundo, solo que lo hace a través de canales indirectos al buscar cambiar la percepción del mundo de sus seguidores.

Diversos estudiantes de nuestra época contemporánea, han tomado la bandera del estoicismo y han abogado por un retorno a la simplicidad, una cosmovisión introspectiva y un gran respeto por el dominio de la lógica y la razón.

. . .

Adoptar esta perspectiva es beneficioso para los individuos y las sociedades, y la fusión de las terapias orientadas al comportamiento con las enseñanzas filosóficas de los estoicos como Albert Ellis, Aaron T. Beck y Lawrence Becker, es un vehículo para llevar este nuevo marco de pensamiento a las personas que necesitan más: los que sufren de ansiedad, depresión, apatía y letargo.

Las enseñanzas del estoicismo moderno son múltiples y diversas, y dedicaremos el próximo capítulo a discutir algunas de las implementaciones actuales de los principios estoicos en la psicología moderna.

¿Por Que Molestarse? El punto del estoicismo

Como estoicos modernos, buscamos aplicar nuestros propios pensamientos racionales y emociones moderadas a un mundo que es todo menos racional. Los esfuerzos pueden ser inútiles y agotadores, y durante largos períodos de tiempo pueden resultar infructuosos. Pero cuando logramos implementar la forma de vida estoica en nuestras propias acciones diarias, ofrecemos al mundo un ejemplo de cómo dar un paso atrás y apreciar las complejidades de la vida por lo que son: una red de relaciones, una serie de circunstancias y estímulos interconectados que actúan sobre nosotros y nos atrapan como telarañas. Solo el camino del sabio estoico puede prepararnos para las agitadas y frenéticas pruebas del mundo moderno, fortaleciendo nuestra voluntad y liberándonos de los enredos emocionales que arrastran a tantos al fango del potencial perdido.

Ser estoico significa aceptar el fracaso. Ser un estoico significa liberar tu control y, lo que es más importante, tu deseo de control. Significa que estás dispuesto a mirar un universo caótico, mal planificado e indiferente y sonreír ante la conflagración, agradecido por el espectáculo visual y el viaje salvaje. Muchos de los sabios de épocas anteriores han comentado sobre la incapacidad del sabio para enojarse, o la firme determinación del sabio frente a los horrores y la tragedia asombrosos. Ahora más que nunca, sus enseñanzas de antaño se están convirtiendo en un requisito previo para la vida en un mundo que parece solo acelerarse, volverse más desordenado y alejar a las personas.

Sin embargo, No Tenemos control sobre eso, como sabemos ahora. Estamos en camino de convertirnos en estoicos y las implicaciones de nuestras enseñanzas nos recuerdan que la maraña del mundo y sus pasiones, son una trampa que se tensará alrededor de nuestros cuellos si lo permitimos y que no tenemos control sobre ese nudo.

Lo que si controlamos es si metemos el cuello en él o no. Eso es lo que importa. Esto es lo que debemos aceptar si queremos vivir el camino del sabio estoico, caminar en las huellas de Zenón y Epicteto, Marco Aurelio, el Rey Filósofo y Justo Lipsio. No necesitamos arreglar el mundo y no necesitamos arreglarnos a nosotros mismos. Ambas cosas son como son, predeterminadas o no, deterministas o libres. Lo único sobre lo que tenemos poder es el curso del pensamiento a través de nuestra mente y la dirección que toma el pensamiento. ¿Y quién sabe? Quizás al poner el ejemplo del sabio estoico, podamos promulgar un cambio en el mundo, y podamos implementar las filosofías de Zenón de Citio de una manera que produzca, si no un mundo perfecto, al menos uno templado, un mundo en el que la racionalidad ejerce su voluntad sobre las emociones, y en el que nosotros, como sociedad, renunciemos a nuestras elevadas expectativas de grandeza, contentos más bien, de pasar nuestros días en contemplación y meditación.

. . .

Entonces, para poder alcanzar ese nivel de sabiduría, analizaremos algunas de las formas en las que el estoicismo ya se ha aplicado, y posiblemente trabajaremos hacia alguna sinergia modal que dé lugar a una definición unificada y coherente de lo que significa ser un sabio en la era moderna, y cómo esa sabiduría puede cambiar tu vida para mejor.

Logoterapia y los Horrores del Holocausto

No mucha gente a lo largo de la historia de la humanidad ha conocido el alcance de la maldad inherente al hombre como el filósofo y psicólogo Viktor Frankl. Judío y psicólogo austríaco de la primera mitad del siglo XX, Frankl fue testigo de los horrores de cuatro campos de concentración y soportó décadas de subyugación, deshumanización y desesperación a manos de una potencia mundial que ciertamente mentía fuera de su control (Bulka, 1975). En cierto sentido, su historia es la historia por excelencia del estoico moderno, un claro recordatorio de los poderes de la mente y la capacidad de permanecer consciente y eficaz frente a los obstáculos más atroces e insuperables.

. . .

Durante su tiempo en los campos, Viktor Frankl desarrolló un marco filosófico que llamó logoterapia, que se basó en los fundamentos de otros grandes psicoterapeutas austríacos como Freud, y culminó finalmente en el axioma de que el significado, no el placer, es la pieza esencial del rompecabezas para una "vida existencialmente viable" (Bulka, 1975). Es, en otras palabras, la búsqueda del sentido lo que nos proporciona sentido a la vida. El único problema, según la teoría de Frankl, es que, muchos de nosotros, durante varios años de nuestra aparentemente larga vida, nos revolcamos en el sinsentido. No tenemos una dirección establecida, y la vasta extensión de los mundos físico y emocional puede parecer aterrador y vacío, frente a las atrocidades de la humanidad. Nadie conoció mejor esto más que Viktor Frankl.

Pero para Frankl, al igual que para Zenón, Epicteto y los estoicos de antaño, el sufrimiento no era intrínsecamente malo, porque el sufrimiento tenía la capacidad de dar sentido a un mundo sin sentido. El sufrimiento otorgó al que sufría la oportunidad de ver el mundo por lo que era y de hacer las paces con ese mundo, en lugar de criticarlo con una furia desesperada, impotente y obstructiva.

. . .

Su teoría de la logoterapia, tanto como psicología práctica como marca intelectual de filosofía, da voz y cuerpo a la idea del sufrimiento como agente de superación humana. En una yuxtaposición paradójica, Frankl sostiene que esta sensación de sinsentido engendrada por las pruebas del mundo, le da a la vida individual tanto una injerencia en ella como un sentido de significado que se deriva directamente del método para lidiar con ese sinsentido que todos debemos enfrentar.

En la verdadera moda estoica, la logoterapia, tal como la define Frankl, es una teoría que alaba la culpa humana como una oportunidad para mejorar, considera la finalidad de la muerte como un espejo a través del cual podemos medir nuestras vidas y alaba la imperfección como el estado perfecto de la humanidad. En resumen, todo acerca de su teoría es una encarnación de la ética y el marco estoicos originales, promulgados en la era moderna para enfrentar los problemas modernos. A través del ejemplo de Frankl, podemos comenzar a analizar nuestra propia búsqueda de significado y comenzar a ver a través de una lente apática, la manera en que el mundo actúa sobre nosotros de una forma que parecería ser aleatoria, desafortunada o absurda. Nos proporciona un marco a través del cual podemos actualizar nuestros principios estoicos.

. . .

Durante su carrera como psicologo, Frankl utilizó los principios de la logoterapia para tratar la ansiedad y la depresión, el trastorno obsesivo compulsivo y, en algunos casos, incluso la esquizofrenia. Creía en sus metodologías de tratamiento porque descubrió que todas estas condiciones, y muchas más, provienen de una disfunción dentro del paciente que impide que el individuo en cuestión se vea a sí mismo como un agente. Esto vuelve al corazón del estoicismo moderno. No ser agente es no poder actuar sobre el mundo. Aquellos que no se ven a sí mismos como agentes son observadores pasivos del mundo y se sienten impulsados por la capacidad inagotable de las fuerzas más grandes del mundo para destruir y aplastar el bienestar del individuo.

Reorientar el pensamiento en la línea de la logoterapia, implica la confrontación del sufriente al vacío existencial del sinsentido y luego poder salir con la comprensión "del sentido del todo", el propósito de nuestras vidas, es dar sentido. Encontrarlo dentro de nosotros mismos y usar nuestros poderes de agencia para sacarlo del vacío indiferente.

. . .

Su propia vida fue un modelo de virtud, en el sentido de que ejemplifica la fuerza de voluntad que está presente en toda la humanidad. Así como Epicteto desafió los horrores de la esclavitud y salió con una calma estoica y una plácida reserva emocional, así como Séneca el Joven escapó de las intrigas de la corte de Nerón con su vida y su filosofía intactas, Viktor Frankl también utilizó los horrores del hombre contra el hombre, como catalizador para el inicio de una nueva comprensión filosófica del hombre, como un animal y una criatura impulsada por el deseo y la lujuria por más.

En su filosofia, no hay forma de que el hombre pueda escapar totalmente de la red de la sociedad. No hay figuras solitarias en existencia solitaria. Solo existe el vasto conglomerado del hombre y el mundo, donde los horrores que engendra la combinación no necesitan ser mal vistos y combatidos, solo aceptados y utilizados como una herramienta mediante la cual podemos medir los efectos del mundo en nuestro propio marco que es nuestra mente y trabajar para limitar ese efecto lo mejor que podamos.

Incluso en el sufrimiento, hay significado, y este, al final, es el quid de la filosofía de Frankl, formado en el crisol del Holocausto y el horror de un mundo indiferente. Recordar esta lección es comenzar el camino de lo estoico, y al comenzar ese camino, primero se debe aceptar que, en el mejor de los casos, tenemos una agencia limitada cuando tratamos de actuar sobre el mundo en su conjunto, pero tenemos una agencia completa y total supremacía sobre lo permitimos en nuestras mentes y corazones.

Terapia Racional Emotiva: Una mirada mas profunda

Como se discutió anteriormente, la Terapia Racional Emotiva (TREC) es una de las primeras aplicaciones prácticas del estoicismo moderno, desarrollada a mediados del siglo XX por Alfred Ellis, para combatir la sinergia y la relación causal entre creencias inherentemente inestables, y los conflictos emocionales dañinos que surgen de expectativas infladas y fracasos.

Para aquellos que tienen un sentido de expectativa inflada sobre el mundo y lo que éste debería ofrecer al individuo, los fracasos diarios que comprenden la mayor parte de nuestras vidas, son un edificio colosal y aterrador de pensamiento ineficaz. Nos perdemos en el mar de energía mal gastada y la sensación de estar perdido, dificulta nuestra capacidad de dar sentido al mundo y sus agentes. Esto es perjudicial para nuestra felicidad, nuestro éxito y nuestro bienestar emocional, y Ellis predica que, al racionalizar estas expectativas, podemos lidiar más eficazmente con lo que está fuera del ámbito de nuestro control.

A través de la trece, nos convertimos en nuestros propios terapeutas. Nos convertimos en los escritores de nuestro propio futuro y aprendemos a usar los poderes de nuestra mente y voluntad para superar lo que antes parecía imposible (Vernon, 1998).

Los secretos de la trec radican en que le da al practicante una sensación de poder sobre sus propias emociones, y le enseña a evitar que las situaciones emocionales que dan lugar a la depresión ocurran en primer lugar. El principio principal del plan de tratamiento es inculcar a los individuos la noción de que las emociones no son más que funciones del pensamiento y que al cambiar el pensamiento, cambiamos la respuesta emocional. En su máxima medida, esta técnica se puede utilizar para sacar el máximo provecho de cualquier situación y puede arrojar una luz positiva sobre las circunstancias más difíciles.

Lo mas importante, es que, al aceptar los pensamientos de uno como el catalizador de la emoción, le permite al individuo verse a sí mismo de la mejor manera. Al analizar racionalmente nuestras emociones, nos involucramos en la autoaceptación y cosechamos los beneficios del sabio que no se preocupa por las presiones ejercidas por fuerzas externas. Estas prácticas colocan la pelota firmemente en nuestra propia cancha, por así decirlo, y le dan al estudiante las herramientas con las que construir una división clara entre "desempeño y valor" (Vernon 1998).

En nuestra sociedad, no logramos hacer esto y, a menudo, vemos el fracaso en el desempeño como un detrimento de nuestro carácter o un signo de debilidad de espíritu que representa un defecto inherente en nuestro sistema cognitivo y de creencias. Pero esto es innecesario y es sintomático de la manera en que nuestros valores sociales se estructuran en torno a viejos ideales de individualismo y éxito. Es un paradigma que ha sido un punto focal de la cultura estadounidense y occidental durante la gran mayoría de la historia y, a través de los años, ha contribuido a una sociedad en la que unos pocos afortunados pueden ganar gran poder y riqueza a expensas de las masas desafortunadas.

Sabemos, a través de las escuelas filosóficas estoicas, que estos son adornos sin sentido que eran tan incongruentes con una vida feliz y virtuosa en la época de Zenón como en la nuestra. La TREC se remonta a la escuela de pensamiento original, en el sentido de que descarta nuestro desempeño en cualquier tarea dada como una medida de nuestra validez como seres humanos. Se enorgullece del hecho de que estamos hechos para fallar y para superarnos si practicamos la resiliencia consciente y un desprecio estudiado por lo que no es inherente a nuestro sentido del ser.

Dentro de la trece, como escuela de pensamiento, existe una dicotomía de creencias que mantienen los humanos, con la línea divisoria que separa las creencias que son racionales de las que no lo son. Para Ellis, el quid de la falibilidad emocional humana radica en lo que él llama los "deberes, obligaciones y deseos" (Vernon, 1998). Estos se incluyen en la categoría de creencias irracionales y se erigen como una estructura determinista que evita que las personas vayan más allá de sus fracasos para alcanzar un estado de calma meditativa. Al someternos a estas creencias irracionales, limitamos nuestra capacidad de inspeccionarnos a nosotros mismos.

Fallamos en estar a la altura de la máxima griega de conocernos a nosotros mismos, porque abordamos el esfuerzo desde un punto de vista manipulado: por supuesto que no podemos conocernos a nosotros mismos, cuando pasamos nuestro tiempo colgados de fuerzas externas analizadas a través de un modo de pensamiento asumido, basado en la negatividad, que engendra depresión e inactividad porque esa misma negatividad, es una fachada tan vasta que no podemos ver a su alrededor. No podemos llegar al meollo de las cosas cuando ni siquiera nos damos cuenta de que las limitaciones a las que nos enfrentamos existen fuera de nosotros mismos.

Esencialmente, trece es el intento del estoicismo moderno de transmitir el pensamiento de que tenemos el control. Intenta delinear dónde se encuentran los límites de ese control y cambiar nuestro enfoque a los ámbitos en los que la reflexión estudiada puede tener un propósito práctico y positivo.

. . .

A través de la disputa de la creencia irracional, Ellis y los estoicos modernos creen que los humanos tienen el poder de controlar sus propias emociones pensando de manera diferente. Este es el punto de vista central que ha permanecido sólidamente en el centro del pensamiento estoico a lo largo de los tiempos y ha informado a algunos de los pensadores más ilustrados del mundo. La belleza de esta filosofía es que toma un pensamiento tan elevado y lo lleva a la gente.

Así como Zenón predicó sobre los pasos de Atenas en lugar de en las escuelas aristotélicas privadas, reservadas para los privilegiados, el TREC de Ellis, es una herramienta que todos podemos usar para mejorarnos a nosotros mismos, tomar el control de nuestras emociones y finalmente desconectarnos de nuestras preocupaciones y negatividad.

EL ESTOICISMO EN LA PRÁCTICA

Cómo podemos usar las lecciones de los estoicos modernos? ¿Cómo pueden la TREC y logoterapia y sus descendientes, recordarnos quiénes somos y servir como un bastión de calma, en el siempre cambiante mar de desesperación, que el mundo parece a veces ser? Estas preguntas han permanecido centrales en el discurso filosófico que rodea al estoicismo y son verdaderamente el foco principal de la escuela de pensamiento que se remonta a la antigüedad.

A fin de poner en práctica estas filosofías, me gustaría proponer dos cursos de acción diferentes que podemos tomar. Estos cursos representan la manera en que (1) podemos cambiar nuestras vidas para mejor a través de ejercicios de pensamiento, y

(2) la manera en que podemos cambiar nuestras vidas poniendo la filosofía en práctica física a través de la acción en el mundo real. Como proclamaban los antiguos estoicos, la filosofía debería ser un arte en la práctica más de lo que debería ser un discurso sobre el sofisma (Baltzly, 2018).

En este capitulo, examinaremos la vida filosófica en busca de alguna pista sobre hacia dónde podríamos ir desde aquí. Cualquier pista sobre la dirección que debería tomar nuestro autoestudio. Trabajaremos en la promulgación de principios y actividades que fomenten la positividad, la productividad y, lo que es más importante, la aceptación de quiénes somos como individuos porque, al final, de esto se ha tratado la investigación filosófica desde que Sócrates comenzó sus diálogos en los siglos antes de Zenón.

Al practicar la filosofia, nuestro objetivo es la mejora de nosotros mismos, y esto no se puede lograr hasta que reconozcamos los problemas que enfrentamos y sus causas. Debemos enfrentarnos al vacío de un mundo sin sentido y aprender de su indiferencia que, si no le importamos, no debería importarnos. Gran parte de la lucha del siglo pasado se debe a nuestra incapacidad para ver esto.

. . .

Mucha angustia es causada por intentar lo imposible sin reconocer completamente el hecho de que un esfuerzo u otro podría ser solo eso: imposible. Fracasar frente a lo imposible es solo para aquellos que han aprendido a aceptar lo que no pueden cambiar. Para todos los demás, la constante incapacidad de forjar un lugar seguro en el mundo, conduce a reforzar los sentimientos de duda sobre nuestras propias habilidades innatas. Estamos aquí para demostrar que este no tiene por qué ser el camino. La humanidad no necesita revolcarse en sus propias incapacidades cuando hay tanto de lo que es capaz.

Como usar una Filosofía de 2.500 años en el Mundo Moderno

Obviamente, mucho ha cambiado en el mundo desde que Zenón caminó por las calles de Atenas, desde que Marco Aurelio se sentó sabiamente en el trono de un gran imperio. Tantos desarrollos se toman hoy en día como un lugar común, que los antiguos estoicos no habrían sido capaces de concebir ni en sus más vívidas y alucinógenas imaginaciones. La apatía de la Era Industrial, donde la humanidad fue literalmente pisoteada en el barro por los avances de la tecnología de las máquinas, y permaneció como diminutas figurillas a la sombra de sus propias creaciones, la destrucción de las guerras mundiales y los genocidios que han arrasado el planeta, todos estos son emblemáticos del sufrimiento impuesto por los humanos entre ellos mismos, y todo puede entenderse como el producto de un deseo irracional e indomable que los antiguos estoicos criticaron.

Muchas de las facetas del estoicismo antiguo ya no se aplican a la era científica en la que vivimos, como sus puntos de vista sobre la física y el mundo natural. Ya no necesitamos reforzar nuestras creencias mediante la objetivación de las deidades, y no necesitamos mantener los aspectos originales de la virtud estoica como el factor primordial para determinar una buena vida. Lo que sí necesitamos, y lo que el estoicismo todavía proporciona a sus seguidores, es el estado mental relativamente tranquilo que se ve reforzado por una perspectiva estoica.

El estoico ideal, según lo definido por Zenón de Citio y varios otros, sigue siendo un modelo de comportamiento, que trasciende las fronteras sociales y culturales, y puede ser beneficioso para prácticamente todos los seres humanos que viven en este planeta. Esto se debe a que todos enfrentamos conflictos.

Todos buscamos un significado, y todos estamos frustrados o confundidos por aquello que no podemos afrontar o comprender correctamente. Estos sentimientos de miedo o confusión son tan antiguos como la humanidad misma, pero mediante la adopción de la mentalidad estoica, pueden aliviarse si cultivamos un sentido de comprensión de nosotros mismos en relación con el mundo en su conjunto. Esto es lo que predicó Zenón, que debemos entendernos a nosotros mismos antes de buscar cambiar algo sobre nosotros o el mundo en el que vivimos. Un pensamiento que ha resonado a través de los siglos, lo hemos visto como algo evidente en las Meditaciones de Maro Aurelio, al igual que en las crisis de identidad religiosa de Justo Lipsio.

Pero las pruebas ajenas pueden servirnos para beneficiarnos. Al conocer la manera en que muchos estoicos, tanto modernos como antiguos, han manejado la adversidad, se nos da una serie de ejemplos contundentes que ratifican los principios originales del pensamiento estoico: un sabio iluminado se preocupa solo por lo que puede controlar. De nada sirve hundirse en la injusticia del fracaso, cuando podemos darnos cuenta de que ciertas tareas están condenadas al fracaso total. Recordar esto proporciona una herramienta valiosa en el armamento de los estoicos para ir más allá de las minucias de la vida diaria, y nos da una perspectiva dotada de mayor alcance con respecto a los problemas que enfrentamos.

La neuroplasticidad y nuestros cerebros cambiantes

Una de las paradojas principales del estoicismo radica en el hecho de que sostiene que el mundo exterior es esencialmente determinista e inmutable. Desde el momento en que Zenón defendió un diseño providencial del cosmos, el estoicismo trató constantemente de defender la noción de que el mundo no se puede cambiar. Esto se yuxtapone a la noción de que, a diferencia del mundo en general, nuestros cerebros no son de naturaleza determinista y, a pesar de lo que se nos haya inculcado a una edad temprana, siempre poseemos la capacidad de cambio. En la psicología moderna, la capacidad de nuestro cerebro para cambiar y crecer a medida que acumulamos nuevas experiencias se denomina "neuroplasticidad" (Summerhays, 2010).

. . .

Aplicar conceptos de neuroplasticidad a la mentalidad estoica, revela congruencias entre los dos campos de estudio. Una investigación pionera en el campo de la neuroplasticidad, ayudó al estudio de la mente humana a escapar de las opiniones deterministas de los freudianos, que sostenían que una vez dañada, lo mejor que podía esperar un adulto humano era recoger los pedazos y volver a unirlos lo mejor que pudieran. Como estoicos, sostenemos que la noción de un cerebro inmutable es mucho más aterradora que la de un mundo inmutable, y el advenimiento de la neuroplasticidad adulta ha dado crédito a las enseñanzas de los antiguos filósofos griegos al demostrar, biológicamente, que sí tenemos poder sobre nuestros propios pensamientos, y que podemos afectar el cambio en esos patrones si no los encontramos de nuestro agrado.

Esta idea ha sido respaldada por investigaciones científicas relacionadas con las interacciones entre los diferentes lóbulos de nuestras cortezas frontales, y señala las prácticas religiosas como una posible actividad que se ha demostrado que aumenta el dominio de la corteza frontal izquierda, más comúnmente asociada con la producción sentimientos de felicidad (Summerhays, 2010).

. . .

Incluso los antiguos filósofos, sin la ayuda de la medicina moderna pudieron darse cuenta de que el espíritu humano está dividido y, en cierto sentido, está constantemente en guerra consigo mismo para determinar la emoción, la acción y el pensamiento. Pero con el advenimiento de la tecnología de mapeo cerebral, esto se ha convertido en un hecho documentado, y se cree que la conversación cruzada de las actividades del cerebro izquierdo y derecho es responsable, o al menos un factor determinante en nuestra capacidad para mantener la felicidad.

Si los estoicos están en lo correcto y tenemos control sobre nuestros propios pensamientos y, por extensión, nuestras emociones, estos hallazgos son un gran alivio. Implican la validez de algunas de nuestras creencias más antiguas y duraderas, y sirven como un refuerzo de confianza para aquellos que podrían estar experimentando dificultades para reorganizar sus patrones de pensamiento hacia una inclinación más positiva. Además, refutan las afirmaciones de los orígenes genéticos de las afecciones relacionadas con el estrés y, salvo una total refutación de tales nociones, brindan al erudito y al sabio un medio para combatir los factores estresantes que muchos perciben como fuera del control individual.

. . .

La neuroplasticidad también tiene implicaciones para el empleo a largo plazo de los valores estoicos aplicados a la vida diaria. Al argumentar que la repetición altera la química cerebral, este campo de estudio implica por extensión que la repetición, con el tiempo, hace que el mantenimiento de la felicidad y la fortaleza frente a la adversidad sea un camino exponencialmente más accesible para quienes luchan con tales problemas.

La investigación sobre el estres y los recuerdos traumáticos de los enfermos de TEPT ya ha arrojado resultados positivos en la búsqueda para demostrar la existencia y posibilidad de "cambios funcionales por exposición al tratamiento" (Kolassa y Elbert, 2007). Esto tiene vastas implicaciones para la implementación del pensamiento estoico. Si se ha demostrado clínicamente que la exposición a ciertos estímulos, provoca cambios funcionales en el hardware de nuestro cerebro, si literalmente reconecta las neuronas y los receptores para que se comporten de manera diferente, entonces el estoicismo emerge de nuevo en la historia como una escuela de pensamiento viable y eficaz para abordar males sociales como como la depresión y la ansiedad.

. . .

La neuroplasticidad es solo un avance en la comprensión psicológica de la mente y el espíritu humanos, que ha ayudado a crear un caso sólido de la importancia del estoicismo. Al cartografiar el cerebro y ampliar nuestra comprensión de su función, no estamos necesariamente pisando nuevos caminos o haciendo nuevos descubrimientos, sino que estamos reforzando nuestra creencia en lo que ha existido en la historia filosófica durante dos mil quinientos años. La mente es maleable y ahora tenemos la tecnología para probar ese hecho.

Las Afirmaciones y el Poder de la Positividad

En pocas palabras, las afirmaciones son un intento de alimentar a la fuerza y los pensamientos positivos en nuestro cerebro. Trabajan a través de la repetición y funcionan a través de los mismos mecanismos que impulsan las ideas de neuroplasticidad. Es un método tradicional para reforzar ciertos comportamientos mientras desacredita a otros, y ha sido ampliamente burlado en todo el medio cultural estadounidense durante el siglo pasado. Piensa en Bart Simpson escribiendo en la pizarra durante el tema de apertura de la exitosa comedia animada Los Simpson. Puede parecer un ejemplo cómico, pero habla del grado en el que podemos cambiar nuestras actitudes, o intentar hacerlo mediante la repetición de pensamientos positivos. Es una práctica iniciada por oradores públicos, estudiantes, niños y pacientes con cáncer en un esfuerzo por detener el efecto devastador de la paranoia, la inseguridad y la ansiedad (Wood, et al, 2009). Las declaraciones positivas aumentan la autoestima, fortalecen al hablante e infunden confianza. Al abrazar esta idea, el pensador estoico recibe otra herramienta valiosa para la mejora de uno mismo.

Un principio psicológicamente principal está en juego para determinar la eficacia de la autoafirmación positiva. El refuerzo sostiene que, como animales sociales, los humanos aprenden unos de otros y están condicionados a repetir acciones que han generado respuestas positivas en el pasado. Esta técnica se utiliza en las escuelas primarias de todo el país, pero sigue siendo eficaz cuando se utiliza también en comunidades de adultos.

Según la teoría del refuerzo de Pavlov, los perros salivan con el sonido de una campana, porque la noción se ha reforzado en su mente de que el sabor de la carne fresca seguirá ese sonido. Asimismo, los niños son sometidos a reforzamiento y el uso de esta técnica en las escuelas. Se ha proporcionado evidencia de que "el uso de la sugestión implica la programación de expectativas positivas" (Downing, 1986). Los estudios han vinculado las afirmaciones con el cambio de comportamiento positivo en los niños y, dado lo que sabemos sobre la neuroplasticidad, no hay nada que les impida trabajar también con los adultos (Downing, 1986).

La belleza de las afirmaciones como herramienta para la superación personal y el realineamiento de las impresiones negativas reside en su sencillez. No requiere nada más que la voluntad de participar en la autoayuda y es accesible para prácticamente todos en el mundo, abarcando diferencias culturales y límites de edad. A través de la repetición, la neuroplasticidad y el uso de afirmaciones positivas, se nos da una valiosa ventaja en nuestra búsqueda de mejorar, y los componentes básicos de tal tarea están literalmente integrados en nosotros y en el ser social.

Esto tambien debería ser un alivio para los estoicos. Los estudios relacionados con la eficacia de las afirmaciones positivas han variado en sus resultados, pero la noción de su eficacia está arraigada en el pensamiento estoico. Los estoicos vienen martillando en la conciencia colectiva durante siglos, la idea de que podemos cambiar nuestras propias percepciones y actitudes pensando de manera diferente. Si ciertos científicos han encontrado evidencia que afirme lo contrario, esto no debería molestarnos más de lo que le molestó la pierna rota a Epicteto. A pesar de su adversidad, estuvo a la altura del desafío y dejó una marca indeleble en la historia de la cognición y el pensamiento humanos y a pesar de las normas culturales que decían que nació en la servidumbre. De la misma manera, nosotros, como estoicos, podemos optar por ignorar las críticas desfavorables a la afirmación como una técnica psicológica para mejorar nuestras vidas.

Esta idea también esta vinculada en lo que hemos llamado una "profecía autocumplida". En pocas palabras, estas "profecías" no son más que un sistema de pensamiento que se refuerza a sí mismo mediante la repetición. En la verdadera forma estoica, podemos reconocer la profecía autocumplida como indiferente, ni buena ni mala, porque pensar de ese modo, no requiere una mentalidad positiva o felicidad o abatimiento. Las profecías autocumplidas simplemente representan un método de pensamiento que es común entre los humanos y apunta a la efectividad de la neuroplasticidad y la repetición en la determinación de actitudes y perspectivas.

. . .

Un patron de pensamiento puede considerarse una profecía autocumplida cuando es recurrente y se refuerza a sí mismo. Pensar que "fallaré" no es lo mismo que pensar "fallaré porque siempre fallaré". El primero es simplemente un pensamiento negativo, pero cuando se modifica como está en la última declaración, se convierte en una profecía autocumplida. Esto se debe a que al decir "Fallaré porque siempre fallaré", el hablante está afirmando que el fracaso está predeterminado y se origina en la propia naturaleza del hablante como un fracaso. Se vuelve casi imposible tener éxito en una tarea con tal actitud, y los repetidos fracasos apilados uno encima del otro, crean una pendiente resbaladiza de la que es difícil escalar. Después de todo, es difícil descartar la lógica de tal afirmación cuando uno se enfrenta a la vasta evidencia empírica de numerosos fracasos, uno tras otro.

Pero para romper ese molde, no necesitamos combatir las profecías autocumplidas, simplemente necesitamos reorientarlas para que sus significados inherentes estén más en línea con el pensamiento positivo y la autoconfianza. Las afirmaciones no son más que profecías autocumplidas de esta manera. En teoría, así como la persona que afirma haber fracasado porque siempre ha sido así probablemente fracasará, es más probable que la persona que afirma lo contrario tenga éxito. Dada la naturaleza exponencial de este tipo de autoafirmación, se agravarán los beneficios o las consecuencias negativas.

Por esta razón, las afirmaciones representan una línea peligrosa, pero al caminar por esa línea y demostrarnos nuestra fortaleza a nosotros mismos, salimos al otro lado con una gran herramienta utilizada para combatir la ineficiencia, la holgazanería, el mal desempeño y muchas otras enfermedades y factores de vida concebidos que contribuyen a destruir nuestro bienestar.

Las afirmaciones nos recuerdan conscientemente la persona que queremos ser, al mismo tiempo que alteran la persona que somos de formas que son mucho menos tangibles. Manteniendo nuestras metas y nuestra autoestima en mente a través del arte de la afirmación, comenzamos a mejorar nuestras actitudes simplemente teniendo una mente positiva. Debido a esta naturaleza dual de la utilidad de las afirmaciones, estas deben incluirse entre las verdaderas actividades de entrenamiento mental que los estoicos deben emplear para llevar la vida de un sabio.

EL ESTOICISMO EN ACCIÓN

Hasta aquí hemos analizado los principios filosóficos sobre los que el movimiento estoico trazó su historia a través de la antigüedad, en la Ilustración y hasta la actualidad, prestando atención a su evolución como una filosofía práctica que busca escapar del aula y liberarse en el mundo de la vida cotidiana, e inspeccionando algunas de las ciencias que revelan la neurología de la mente estoica. En este capítulo final, analizaremos las prácticas diarias que pueden conducir a mejoras reales y mensurables en la vida, la gestión de tareas y la confianza en uno mismo. Estas son prácticas simples, pero eso no quita los grandes poderes de mejora que le otorgan al sabio estudioso.

. . .

Desde la simple afirmación o el simple mantenimiento de un horario, comenzamos a ver el surgimiento de una nueva identidad dentro de las personas que anteriormente han luchado por mantenerse bajo las presiones de la vida moderna. Los bloques de construcción se van apilando y, después de un corto tiempo, el estoico incipiente es capaz de manejar el estrés, enfrentar el vacío sin sentido y encontrar un significado, y cumplir con una expectativa válida y razonable de éxito que no solo tendremos nosotros, sino también nuestros pares. La atención plena estoica es una técnica de psicología inspirada en la técnica de terapia cognitiva conductual mencionada anteriormente, con el simple objetivo de ayudar a las personas que sufren, a recuperar el control de sus vidas.

Los ejercicios de construcción de la confianza, la planificación precisa y la autoevaluación, son fundamentales para el éxito en el reordenamiento de la mente, y aquí, entraremos en los detalles de lo que se requerirá.

Programacion: Un mal necesario

. . .

A nadie le gusta vivir siguiendo una agenda. Si nos dieran libertad para seguir nuestro propio camino, seríamos libres de emprender cualquier tarea que consideráramos beneficiosa para nosotros en cualquier momento. Pero, lamentablemente, vivimos en una sociedad comunitaria construida sobre relaciones interpersonales. Nuestros cerebros están programados para este tipo de comportamiento de orientación social y puede ser difícil sentir que estamos viviendo una vida plena sin participar en la sociedad que nos rodea. Hacerlo viene con sus altibajos, y el requisito de mantener los horarios es posiblemente uno de los inconvenientes. Sin embargo, considerar su necesidad, arrojará luz sobre las habilidades de administración del tiempo que nos permitirán estar más preparados cuando la adversidad golpea. Mantener un horario te permitirá un mayor control de tu día, tu semana, tu mes y así podrás lograr tus objetivos relevantes a tiempo.

De esta manera, mantener un horario puede servir como un refuerzo de confianza. A todo el mundo le encanta tachar cosas de sus listas de tareas pendientes, y la manifestación física del éxito, encarnada por esa acción singular, da un aire de logro y contribuye a la sensación de hacer las cosas. Entonces, ¿por qué no convertir tu agenda entera en una larga lista de tareas pendientes? Si lo haces, no solo te mantendrá encaminado, sino que también mejorará tu estado de ánimo a medida que observas la cantidad de tareas que se van reduciendo y de logros que vas consiguiendo.

Dado que el tiempo es una parte natural de la percepción que la humanidad tiene del mundo, es tan ineludible como los desastres naturales que azotaron a la antigua Grecia. Si es así, el estoico no tiene por qué preocuparse por su fluir, porque no hay nada que hacer al respecto. Simplemente estamos de viaje y tenemos una cantidad de tiempo asignada para fomentar una vida bien vivida. Siendo ese el caso, parece una tontería perder el tiempo, y el estoico argumentaría que, a pesar de que no puedes alterar su paso, tienes control sobre cómo lo gastas. Nada se siente peor que un día desperdiciado, y nada puede ser más perjudicial para el estado mental de una persona que la sensación de que las oportunidades han pasado o las oportunidades perdidas.

La gestión del tiempo ayuda en todo esto, y al mantener tus actividades perfectamente planificadas, aumentas tus posibilidades de alcanzar la felicidad, porque disminuye la cantidad de tiempo que pasas agonizando con el reloj a medida que marca los minutos hasta tu fecha límite o tu discurso o tu tarea específica.

La planificación te mantiene proactivo y evita que se acumule el estrés. Si el espíritu de la filosofía estoica es uno de filosofía en acción más que de filosofía en argumento, entonces no puede haber mejor homenaje a nuestros antiguos predecesores que asegurarte de permanecer activo y participativo en tu propia búsqueda de mejora.

INTROSPECCIÓN DEL VALOR

Los valores y lo que apreciamos, forman un componente importante de la filosofía estoica. Epicteto nos informa que a pesar de que nacemos con la noción preconcebida de que lo bueno es digno de "persecución incondicional" (Graver 2017). También escribe que el error que ha cometido la humanidad, radica en que esta noción del bien, se aplica en la dirección equivocada. Esto, para el estoico, es un problema de sistemas de valores y la alineación de los mismos con factores externos que prometen la falsa ilusión de felicidad.

. . .

Ser un verdadero sabio estoico es valorar sólo lo que está bajo el control de tu propia fuerza de voluntad. Atribuir un valor significativo a cualquier cosa fuera de uno mismo, conduce a una inevitable desilusión cuando ese objeto o principio valorado es alterado por el mundo o demuestra ser una influencia malsana.

Por esto, el estoico debe practicar la introspección de valores meditando constantemente en sus valores y asegurándose de estar a la altura de los valores que le son inherentes. Para moldear nuestros pensamientos en el marco de las afirmaciones filosóficas de Epicteto, necesitaríamos reconocer que los fenómenos externos que tienen poderes deterministas sobre nuestro estado de ser, pueden ser indiferentes según la filosofía estoica clásica, porque tomados por sí mismos, estos fenómenos externos ni garantizan ni inhiben un verdadero estado de felicidad virtuosa. Pero también debemos reconocer que la forma en que manejamos estos aspectos externos —como los llama el propio Epicteto— no es indiferente. Este manejo del mundo externo es bueno o malo, dependiendo de qué tan bien se equipare con la búsqueda de la felicidad.

. . .

En términos de introspección del valor, es importante considerar los efectos de lo que perseguimos en nuestro estado de ánimo. Ciertamente, algunas búsquedas son innatas a nuestro ser como criaturas biológicas. Los deseos de comida, sexo y refugio son naturales, y en el mundo moderno puede haber muy pocos argumentos en contra de su búsqueda, pero ¿qué tan bien se traduce esta noción en otros campos de la vida? Cuanto más complejo se vuelve el mundo, más nos bombardean con nuevas listas de objetivos a perseguir, ya sean actividades intelectuales, espirituales o materiales, y depende de nosotros dar un paso atrás del flujo y reflujo de vida diaria para evaluar si aquello que perseguimos es inherentemente bueno para nuestro bienestar.

Esto puede parecer cerca del orden del sentido común, y de alguna manera, lo es. Esto no significa que el sabio estoico no deba considerar profundamente la introspección de valores y los ajustes necesarios. Después de todo, en nuestra última sección, discutimos los peligros del tiempo perdido. ¿Qué tan grande es ese peligro multiplicado cuando perdemos el tiempo en la búsqueda de lo que, en última instancia, es perjudicial para nuestro bienestar en primer lugar? Estas percepciones pueden ser devastadoras, particularmente cuando llegan demasiado tarde para afectar cualquier tipo de cambio, cuando el daño de la persecución ya está hecho.

Al considerar regularmente aquello que valoramos como importante para nosotros, podemos comenzar a eliminar actividades y patrones de pensamiento que ya no se adaptan a nuestro bienestar. Podemos adaptarnos a entornos cambiantes a medida que el mundo que nos rodea continúa cambiando y alterándose constantemente. Lo más importante es que al mantener bajo control nuestros sistemas de valores, podemos dedicar tiempo a pensar en nosotros mismos, a conocernos a nosotros mismos y a aprender sobre nuestros propios atributos y los aspectos únicos de nuestro marco mental que nos hacen individuos.

Como se menciono anteriormente, los estoicos dieron mucha importancia a los sistemas de valores a los que se adhiere la gente. Estos sistemas de creencias, ayudan a moldear nuestras identidades personales, y nuestra felicidad y realización en la vida, es derivada para mantener un sistema de valores que estén razonablemente en línea con la sociedad en general para no impedir la interacción humana, pero también que sean únicos para nuestras propias personalidades y mentalidades. La introspección y la meditación frecuentes, en este sentido, ayudan a garantizar que vivamos una vida plena, próspera y rica al obligarnos a considerarnos a nosotros mismos de una manera evaluativa y sin prejuicios. Esto es esencial para una vida bien vivida porque sin la introspección, estaríamos perdidos en nuestras mentes, sin tener una forma de saber si nos hemos desviado o no del camino del sabio hasta que sea demasiado tarde.

Reevaluando Nuestras Reacciones

Nuestras reacciones a los estímulos dados tienen una relación directa con nuestra personalidad, nuestra agencia y nuestra capacidad para hacer frente al estrés. Este es un principio clave de la filosofía estoica y la práctica diaria en este campo ayudará al sabio a lograr una felicidad duradera y significativa. Pero, ¿cómo deberíamos lograr esto? ¿A qué estándares debemos atenernos?

Al mantener un registro de nuestras reacciones emocionales, permitimos una mayor comprensión de nuestra personalidad. Aprendemos qué nos pone en marcha, en qué debemos trabajar y también cómo hemos mejorado en nuestra capacidad para mantener una calma estoica frente a la adversidad. Estos son datos cruciales para las personas que buscan mejorarse a sí mismas frente a un mundo indiferente. Necesitamos esta información para medir nuestro verdadero estado mental y aceptar las áreas de cognición mental que buscamos mejorar. La evaluación es una faceta importante de muchas filosofías y se exige en la práctica en muchas de las principales religiones del mundo. Esto podría ser porque la evaluación es la única herramienta que tenemos para analizar nuestras propias vidas. Es el sello distintivo del individuo iluminado.

A fin de evaluar tus respuestas emocionales a la adversidad, deberás tomar nota de lo que te enoja, lo que te molesta, cuando te sientes deprimido o ansioso. Trata de llegar a una comprensión de qué está causando tales sentimientos, pensando dentro del marco estoico de lo que es cambiante e inmutable, sobre qué tenemos agencia y qué está fuera de nuestro control. No es suficiente sentarse en el tráfico con enojo, diciéndose lo obvio: estoy enojado porque estoy atrapado en el tráfico.

Esto ni siquiera rasca la superficie de por qué estás enojado, y mantener pensamientos como este te despoja de la agencia para determinar tu propia vida.

Estás enojado porque estás en el tráfico. Esa noción posee una simplicidad tal que te reduce a ti mismo —un ser humano que piensa, respira y es racional— a un objeto inanimado sobre el cual el mundo puede actuar.

Es mas constructivo pensar en lo que realmente causa la ira desde adentro, y abordar ese problema antes de agitar los puños o golpear el volante con rabia. Cualquiera sea la causa, estás sentado enojado en el tráfico, porque no te permitiste el tiempo suficiente para prepararte, debes asegurarte de no culpar de tus emociones internas a factores externos porque los estoicos sostienen que esto es una mentira.

Las emociones están solamente sentadas dentro de tu corazón y tu mente, dentro de tu espíritu humano. En esta enmienda a la razón, internalizas la causa de tus emociones, sacándolas del reino de las cosas sobre las que no tienes control y colocándolas firmemente dentro de tus habilidades para superarlas. Si estás enojado porque llegas tarde y estás sentado en el tráfico, solo darte cuenta de eso es suficiente para un buen comienzo. Puedes moderar esta emoción de enfado asegurándote de no predisponerte para el fracaso.

. . .

El pensamiento evaluativo con respecto a la emoción humana hace un gran trabajo para ayudarnos a comprender la relación causal entre estímulo y reacción. También es una excelente manera para que el sabio se conozca a sí mismo, proporcionando un gran foro interno para la deliberación sobre los rasgos y atributos que definen la personalidad y la identidad del sabio. A través de esta práctica, tenemos la oportunidad de establecer vínculos entre las circunstancias que crean adversidad y la forma en que manejamos no solo la situación, sino la adversidad misma. Existe una forma diferente de manejar la confrontación para cada persona que vive en la tierra, y al comprender la forma en que uno maneja dicha lucha, se abre una puerta de comprensión hacia la propia mente que de otra manera habría permanecido cerrada al pensamiento filosófico mundial.

LOS PRINCIPIOS ESTOICOS

El gran legado

Las ideas propuestas por el estoicismo son prácticas saludables y liberadoras. El estoicismo moderno puede anestesiar el sufrimiento innecesario mientras te ayuda a avanzar hacia una vida próspera.

Historicamente los prinipos estoicos han sido perfeccionados una y otra vez. Un proceso de depuración ha ocurrido durante miles de años, incluso antes de que tuviéramos un nombre para el estoicismo y llegáramos a beneficiarnos de las disciplinas actuadas y registradas para nuestro propio provecho.

. . .

Podemos elegir vivir como un Marco Aurelio o un Séneca. Necesitaras practicar, entrenar y encarnar los principios establecidos ante ti. No importa la situación en la que te encuentres, puedes elegir ser el tipo de persona que quieres ser.

Proceso Natural

La madre naturaleza en toda su majestuosa belleza va a infligir enfermedad, muerte y destrucción a todo lo que has amado, abriendo un camino para que la próxima generación participe en este proceso que llamamos vida.

La aceptacion de tu propia muerte y la de todos los que has visto te ayudará a prepararte para los terribles días de tu futuro.

Esto te da la oportunidad de ser fuerte cuando los demás son débiles, consolar a los demás, prepararte para lo que viene, levantar el ánimo, y ser la persona que tu familia y amigos necesitan que seas. Especialmente en tiempos de gran dificultad, pérdida y lucha.

La aceptacion de los procesos de la vida puede liberarte de miedos excesivos y de vivir de una manera demasiado conservadora. Esta aceptación puede ayudar cuando es necesario que tomes riesgos calculados para que puedas avanzar en tu vida.

Debes aceptar los procesos naturales como tu realidad.

Las arenas del tiempo nunca se detienen para ninguno de nosotros.

No te acerques a tu tumba, toma algunos riesgos calculados y prepárate para tu futuro.

Gratitud vs Deseo

Elige tus pensamientos sabiamente y contrólalos antes de que empiecen a controlarte.

. . .

Afortunadamente tu mente sólo puede contener algunos pensamientos a la vez, esto te da un tremendo poder sobre cómo usar tu mente.

Si desactivas los pensamientos automáticos y eliges intencionadamente en qué pensar, puedes vivir una experiencia mucho mejor que dejar que tu cerebro entre en modo automático. El pensamiento automático sin restricciones puede conducir a excesivos pensamientos negativos si no recuperas el control. Es necesario convertirse en la persona al volante y dirigir hacia dónde va el siguiente pensamiento y detenerlo en su camino antes de que se vuelva excesivo y posiblemente engañoso.

Puedes elegir pensar en todas las cosas que tienes en tu vida y las cosas que agradeces o puedes concentrarte en lo que no tienes. La segunda opción te llevará al dolor del querer, el dolor de pensar que las cosas no deberían ser así.

Es irracional concentrarse en lo que no tienes al punto de sentirte miserable y destruir tu salud mental.

. . .

Piensa en todas las cosas por las que estás agradecido y te sentirás mejor en la vida.

Si te concentras constantemente en lo que no tienes, esto puede llevarte a algunos lugares muy oscuros.

Tu imaginación, memoria y perspectiva pueden ser tus amigos o tus enemigos, separándote del regalo de la vida o empujándote hacia una vida mejor.

Los budistas dicen: "Libérate de la necesidad y el deseo". Esto me hace sentir mejor cada vez que lo digo, pero no es lo correcto a largo plazo.

La humanidad se habría convertido en polvo si todos hubiéramos adoptado esta filosofía.

La expectativa de que tus deseos se hagan realidad es lo que realmente puede ser perjudicial, esperar que todos nuestros esfuerzos den sus frutos en el futuro no es una perspectiva muy realista es, es una ilusión desmedida.

. . .

Una vision mas estotica sería tener esperanzas sin expectativas, aguantar y tomar medidas sin esperar que el resultado final sea exactamente como lo concibes en tu mente.

Los resultados de tu vida serán probablemente mejores o peores de lo que esperabas, y eso está bien, siempre y cuando te esfuerces y des todo lo que tengas. Enfoca mente hacia la gratitud y siéntete mejor o el dolor del deseo destruirá la felicidad que puedas sentir sobre las bendiciones que ya tienes.

Razon

El estoico es como un científico que mira al mundo haciendo preguntas, probando cosas, teniendo éxito y fracasando.

No juzgues los hallazgos de estos ensayos, documenta y toma nota mental de los resultados.

Los hechos de la vida se van dando por medio de la experimentación masiva.

. . .

La calidad de un experimento podría juzgarse por el porcentaje de variables por experimento.

Los mejores experimentos se realizarían en cantidades masivas y se dirigen al 100% de las variables.

Aun entonces hay una posibilidad de error, pero es lo mejor que tenemos.

Existen muchos estudios y encuestas defectuosos, pero esto es de esperar, sólo porque algo no sea absolutamente perfecto no significa que debamos considerarlo no valioso.

Los estudios sociales son usualmente los más difíciles de probar ya que pueden tener miles de variables no contabilizadas. La mentira es sólo una de las variables que pueden interferir con los estudios sociales y me imagino que es un factor importante en la mala calidad de la información.

Nunca deberiamos dejarnos llevar por uno de los eventos, esto es lo que comúnmente se conoce como evidencia anecdótica y sólo debería ser parte de una fase del descubrimiento y cuestionamiento de lo que es la verdadera naturaleza de la realidad.

Puede que tengas que actuar sobre algo cuando sólo tienes un conocimiento parcial, esto está bien si no puedes encontrar más información. Sólo debes saber que no puedes ver el camino delante de ti tan claramente como podrías sospechar.

Para ser una persona razonable debes buscar el conocimiento de cualquier manera que puedas, de esta manera puedes encontrar el camino más claro hacia tu objetivo y evitar la pérdida de tiempo y otros peligros que se te presentan.

Cuestiona todo lo que aprendes y no llegas a la posición de tener una conclusión perfectamente formulada. Este es el sesgo de la conclusión y te impide recibir información nueva y posiblemente importante.

Para ser una persona razonable debes evaluar la información sin sesgo y sin emoción, sin que tus viejas historias se interpongan en el camino de cómo son las cosas y no sólo como quieres que sean.

. . .

Nuestros sentimientos no deben cambiar la forma en que interpretamos nuestros hallazgos.

Las inclinaciones cognitivas de lo que nos gusta y de lo que no nos gusta son probablemente las fuerzas más fuertes que pueden hacernos desestimar los hechos y cifras que se nos presentan.

Ser personas de razón significa que reconocemos verdades incómodas, rechazamos el pensamiento grupal y no tomamos la palabra de nadie, ya sea de la boca de una autoridad, experto, plebeyo, académico o alguien de tu familia. Miramos los hechos por nosotros mismos y dejamos que los hechos nos informen.

Intenta superar tus prejuicios cognitivos y toma las opiniones de los demás como eso, opiniones. Tienes que pensar por ti mismo.

Busca constantemente una mejor información, reevalúa y reformula el plan de juego para cualquier objetivo que tengas. Sigue experimentando con tu vida hasta que encuentres una forma que funcione para ti.

AUTOCONTROL

¿Por que establecer limites es bueno para ti?

Establecemos limites para nuestros hijos, nos damos por vencidos con la mayoría de los adolescentes y rara vez creamos nuevos límites para nosotros mismos. La mayoría de los adultos rara vez se ponen límites a sí mismos.

Los únicos limites adultos que vemos con cualquier regla son los relacionados con la dieta y el alcohol, lo cual es genial, ya que necesitas proteger tu cuerpo.

¿Que hay de establecer límites para tu mente y tus emociones? Las emociones destructivas y los patrones de pensamiento tienen que ser dominados, emociones como los celos y la ira puede destruir tu vida si no se controlan.

. . .

Incluso las emociones positivas como la lujuria puede tener efectos negativos, si no ejerces el autocontrol puedes perder a tu familia en un momento de pasión.

Por eso debes entrenarte para detener tus excesos emocionales.

A veces las cosas son difíciles, es como si no tuvieras emociones, sino que las emociones te tuvieran a ti. Te conviertes en un esclavo de la cálida corriente de químicos que corre por tus venas, ya no eres racional, tú eres como un drogadicto fuera de su mente en las altas esferas naturales de la química de su cuerpo.

Mucha gente se hace adicta a las emociones extremas, buscan el drama donde no existe, crean su próxima dosis de cualquier manera, son borrachos sin botella.

No tienes que convertirte en una víctima de tus emociones, puedes ir más despacio y convertirte en el observador de estas reacciones químicas.

. . .

Siente las emociones y observa cómo empiezan a nublar tu pensamiento, mantén el control para no convertirte en un autómata de las emociones, una sub personalidad apenas reconocible que destruirá tu propia vida en un pico de estado emocional.

Toma el control de tus excesos mentales y físicos antes de que disminuyan la calidad de tu vida.

Templanza

Algunas personas piensan que el estoicismo se trata de agallas y determinación, hay algo de verdad en esto pero no por las razones que todos asumen.

Alguien que observa desde afuera al estoicismo pensaría que es un esfuerzo consciente de usar agallas y determinación para hacer las cosas.

Creo que las agallas y la determinación no son parte de la ecuación, sólo se ve de esa manera, las agallas y la determinación son sólo un producto de una filosofía racional de la vida.

. . .

La dificultad en la búsqueda de cualquier cosa que quieras debe ser irrelevante una vez que has tomado la decisión de hacerlo. Los factores externos que causan el dolor físico y psicológico deben ser considerados en tu plan desde el inicio, cualquier bloqueo de camino es ahora sólo parte del proceso.

Has decidido el precio que estás dispuesto a pagar para conseguir las cosas que quieres, tiempo, sudor, decepción, incomodidad y todo tipo de sacrificios que tienes que soportar para llegar a tu destino. Si estás dispuesto a pagar con todo lo que tienes, excepto la discapacidad y la muerte, tendrás una muy buena oportunidad de llegar a donde quieres ir.

Podrías perder años o décadas en esta búsqueda, podrías perder amigos y familiares que no te apoyan, podrías tener que dejar ir otros deseos que tenías para tu vida, pero ¿cuál es la alternativa? Van a pasar los años de todos modos, los malos amigos eventualmente perderán contacto contigo y no podrás tenerlo todo.

Espero que veas ahora que es irracional no ir por las cosas que quieres. Podrías luchar toda tu vida para alcanzarlas, lo que será visto como una actitud valiente por la mayoría de la gente. Porque la verdad es que la determinación es justo lo contrario de la derrota, no te has rendido y no has renunciado a vivir.

El temple, la valentía, la determinación son sólo los esfuerzos necesarios para lograr una causa digna.

El discurso que la iglesia dio, para convencer al Parlamento de que debíamos ir a la guerra contra los nazis se basaba en los puntos mencionados anteriormente.

"Tenemos ante nosotros un calvario de lo más doloroso.
 Tenemos ante nosotros muchos largos meses de lucha y sufrimiento.
 Usted pregunta, ¿cuál es nuestra política?
 Puedo decirle: Es hacer la guerra, por mar, tierra y aire, con todas nuestras fuerzas y toda la fuerza que Dios pueda darnos.
 Hacer la guerra contra una tiranía monstruosa, nunca superada en el oscuro y lamentable catálogo del crimen humano.
 Esa es nuestra política.
 Usted pregunta, ¿cuál es nuestro objetivo? Puedo

responder en una palabra: Es la victoria, la victoria a toda costa, la victoria a pesar de todo el terror, la victoria por más largo y duro que sea el camino. Porque sin victoria, no hay supervivencia.

Que se haga realidad.

No hay supervivencia para el Imperio Británico, no hay supervivencia para todo lo que el Imperio Británico representa, no hay supervivencia del impulso de los tiempos, que la humanidad avanzará hacia su objetivo.

Pero asumo mi tarea con optimismo y esperanza.

Estoy seguro de que nuestra causa no sufrirá un fracaso entre los hombres.

En este momento me siento con derecho a reclamar la ayuda de todos, y digo, venid entonces, sigamos adelante juntos con nuestras fuerzas unidas."

VIVE tu filosofía

Vive de acuerdo a tu prédica o no hables de ello, el estoicismo no es un ejercicio intelectual, no pretende ser una forma llamativa de pensar o una forma de impresionar a los demás con ideas pretenciosas.

. . .

No es para que el filósofo de sillón reflexione y recite, es para situaciones de la vida real; a veces parece frío y calculador, eso es porque a la naturaleza no le importa tu "zen", no puedes meditar cómo salir de la hambruna. En ocasiones la vida es dura y requerirá que seas fuerte en los momentos difíciles.

El estoicismo es una forma de ser, destinada a la aplicación práctica en el mundo real, una persona que tratando de controlar su mente, basándose en la realidad, trabajando en las cosas que deben hacerse, en la búsqueda de proteger, mantener y mejorar sus circunstancias.

El ego y las historias que te cuentas a ti mismo pueden distorsionar tu realidad y separarte del mundo real.

Deja que la alegría de tu mente regrese al presente, sé la persona que quieres ser, alguien digno de admiración.

. . .

Conviertete en el granjero que planta semillas para el futuro, no en la persona que se pierde en fantasías e historias.

No puedes arar un campo en tu mente, no puedes aprender a nadar leyendo un libro y no puedes vivir una gran vida siendo alguien a quien no respetas.

Aplica una visión realista del mundo, actúa más estoicamente frente a la vida y conviértete en la persona que sabes que estás destinado a ser, encarna las partes virtuosas y valientes de ti mismo y llévalas contigo.

Se alguien a quien puedas admirar

PRUDENCIA

Pensar para adelante, planificar y preparar un futuro que se avecina, sin importar cuán seguros estemos del resultado, eso es ser prudente.

. . .

Algunos dicen que un idiota con un plan puede vencer a un genio sin él. Dudo que esto sea cierto en la mayoría de los casos, pero es obvio ver que alguien con un plan tiene más posibilidades de ganar que alguien sin él.

Una persona prudente podría llamarse simplemente un planificador, algo que todo el mundo necesita ser hasta cierto punto.

Estar un paso adelante en cualquier proceso es una gran ventaja, no sólo en situaciones competitivas como el ajedrez y la guerra, sino también en situaciones cotidianas como cocinar y conducir a tu destino. Un cocinero que prepara todos los ingredientes y tiene temporizadores antes de empezar a cocinar va a tener un trabajo fácil, al igual que el conductor que tiene un navegador satelital, un mapa y una imagen mental de dónde va.

La preparación hace la vida mas facil, hace que ganar sea más fácil, incluso hace que el fracaso sea más fácil.

. . .

Construir sistemas para el fracaso dentro de cualquier proceso te ayuda a seguir adelante incluso cuando las cosas van mal. Es la rueda de repuesto, el kit de pinchazos, la asistencia de emergencia y una bicicleta en el techo lo que te evita quedar varado, y este principio debe ser usado en la mayoría de los esfuerzos de la vida.

Ser prudente te ahorra la preocupación y el estrés de apagar incendios constantemente durante tu vida diaria.

Si piensas hacia adelante, tu mente tiene espacio para otros pensamientos necesarios en el momento. Ponerse al día es mucho más difícil que empezar cerca de la línea de meta, así que piensa en el futuro.

Realismo

Fantasia versus realidad, una guerra invisible para tu mente.

El arte trata de imitar la vida y la vida trata de imitar el arte, ambos hacen un mal trabajo.

. . .

Shakespeare dijo "Todos somos actores y el mundo es nuestro escenario"

Incluso peor que esta verdad parcial es la forma en que nuestras propias personalidades son distorsionadas por los medios de comunicación y otras influencias.

Que embarazoso es descubrir que tus modelos ideales no existen en el mundo real, y los actores que los interpretan no muestran ninguna de las virtudes de sus personajes.

¿Han influido los personajes ficticios en tu personalidad, en tu voz, en tu forma de caminar, en tu cadencia y en tu forma de reaccionar ante la vida?

La forma en que actuas no debe ser influenciada por las películas, los medios, los artículos y las redes sociales porque no se ajustan a la realidad.

. . .

Incluso la historia registrada ha sido manipulada, sólo llegamos a conocer las cosas que nuestros antepasados querían que supiéramos. Desafortunadamente la historia es escrita por los vencedores, y la historia de los perdedores suele ser borrada de los registros. Las historias verdaderas son más complicadas, desordenadas y mucho menos glamorosas de lo que nos gustaría imaginar.

La vida de nuestros antepasados realmente no tiene nada que ver con nosotros, así que no te identifiques con los muertos, no tienes nada que ver con ellos. Incluso las vidas de tus padres son las suyas y aunque te hayan impactado, no tiene por qué definirte en absoluto. Las etiquetas que nos atribuimos a nosotros mismos no ayudan realmente, sólo te ponen en una caja que no existe. Etiquetarse a sí mismo es como estereotiparse a sí mismo en un personaje que se interpreta, en lugar de permitirse ser único.

Algunas personas representan los estereotipos que han visto en las películas y la música hasta el punto de perder su individualidad.

. . .

Incluso el sufrimiento de otras personas se dramatiza para que sientas que eres tú quien vive una gran vida donde quiera que estés y deberías sentirte mal por las personas en peores situaciones. La verdad es que algunas de las personas más felices viven en situaciones terribles, es genial si puedes ayudar a estas personas, pero no pienses que son diferentes a ti, todos tenemos un desastre que nos llega eventualmente. ¿Es un hombre rico que tiene cáncer mejor que un niño que vive en la selva amazónica? Deberíamos ayudar a la gente que no puede ayudarse a sí misma, pero no deberíamos sentirnos diferentes a ellos, todos somos parte del mismo proceso de nacer tratando de vivir lo mejor posible y luego fallecer. Todo el mundo sufre y el sufrimiento particular que experimentas no es único para ti o el grupo de personas a las que crees que perteneces, es sólo la vida.

La fantasia del sufrimiento especial, único, es sólo una fantasía, todo el mundo pierde amigos y familiares a lo largo de su vida, pierde su belleza juvenil, su salud y finalmente su vida. Así son las cosas, una desafortunada realidad de la que no tienes que sentirte culpable, es sólo la forma como las cosas.

. . .

Incluso lo mejor de nosotros puede ser distorsionado, incluso tus metas y sueños pueden ser influenciados en una dirección que ni siquiera te importa. ¿Realmente quieres vivir esa vida que te venden las revistas sensacionalistas, las películas, la música, los videos en línea y los influencers?

¿Esos resultados superficiales que los anunciantes te venden realmente te harán feliz? ¿Te harán sentirte realizado? ¿O encontrarás otra montaña para escalar en la que no disfrutes del viaje a la cima? No tiene sentido no encontrar satisfacción diariamente mientras se escala una montaña a la fantasía de alguien más. Tus sueños y metas deben ser tan únicos como tú, y tu camino para conseguir esos sueños debe ser satisfactorio o agradable también. No escales la montaña de otro basado en una fantasía televisiva de éxito, tienes que vivir tu propio camino para tener éxito, no el de otro.

Otra fantasia de la que debes desconfiar es la ilusión del grupo, creer que un grupo tiene todas las respuestas en todo momento es sólo tribalismo, es elegir un equipo y esperar salir ganando ¿Qué posibilidades hay de que las ideas de un libre pensador se alineen completamente con los puntos de vista de un grupo? Una en un millón tal vez, y sin embargo muchos eligen ir con las ideas de un grupo, siguiendo a los líderes al son de su tambor. Incluso cuando las ideas del grupo cambian, se quedan con su equipo siguiendo el desarrollo personal de sus líderes y no sus propias mentes. Si no piensas por ti mismo nunca serás libre y no sólo vivirás con tus propios delirios sino también con los delirios de la tribu.

Intenta deshacerte de las fantasías de identidad, estereotipos, etiquetas, grupos, cultura, raza, narrativa mediática, prejuicios de Hollywood y cualquier otra historia del mundo, deja atrás tu pasado negativo, deja de fantasear con la lucha, la mayoría de las guerras que luchamos están en nuestras cabezas y nunca se llevarán a cabo.

Deja toda la fantasía, deja que se queme y deja que todo el peso caiga de tus hombros, no necesitas cargar con las narrativas del mundo, y cargar tú mismo con tu historia personal y la historia de los demás, sólo el presente y el futuro existen realmente. Haz lo mejor que puedas para permanecer en la realidad o tu vida te pasará de largo.

ORACIÓN DE SERENIDAD

*E*sta oración, escrita por Reinhold Neibuhr, un teólogo cristiano, resume mucho de la filosofía estoica.

Dios me dará, la serenidad para aceptar las cosas que no puedo cambiar; el coraje para cambiar las cosas que sí puedo; y la sabiduría para conocer la diferencia.

Vivir un día a la vez; Disfrutar un momento a la vez; Aceptar las dificultades en el camino hacia la paz; Tomar, como Él, este mundo pecaminoso.

. . .

Tal como es, no como yo lo haría; Confiando en que Él arreglará todas las cosas si me rindo a su voluntad; así yo podré ser razonablemente feliz en esta vida.

Y supremeamente feliz con Él por siempre y para siempre en la siguiente.

Amen

EPÍLOGO

El estoicismo tiene una larga y documentada historia, y las vidas de sus principales exponentes tuvieron una enorme influencia en la formación de sus principios filosóficos.

Desde temas como la esclavitud y la libertad hasta la posición del hombre en un mundo religioso, los tópicos que el estoicismo abordó estuvieron en el centro del mundo en el que se desarrolló, y los principales actores en su difusión hablaron de eventos personales de sus vidas como un medio para dar sentido a la población en general.

Debido a su foco en temas personales, ha sido una filosofía a la que la humanidad ha regresado una y otra vez, encontrando un nuevo significado en las enseñanzas originales a medida que la sociedad cambiaba y evolucionaba. Sirvió como una innovación revolucionaria en el mundo antiguo en el sentido de que exigía la acción en la filosofía, en lugar de la vieja forma de discusiones pasivas sobre máximas y principios filosóficos y leyes obtusas que no proporcionaban un contexto social para el mejoramiento de las personas, y dirigía a la gente a buscar dentro de sí mismos las respuestas en lugar de buscarlas en los cielos, o el mar, o en cualquier otra manifestación de lo desconocido.

En lugar de dirigir su energía hacia tales facetas desconocidas de la vida en este planeta, el estoicismo trató de arrojar luz sobre las desconocidas e inexploradas profundidades del alma humana, y debido a este enfoque, tuvo éxito en la conquista de los corazones de innumerables personas. Se convirtió en un modo de pensamiento accesible, y la Stoa Pintada de la que surgió originalmente vio rejuvenecerse a lo largo de los tiempos a medida que varios filósofos continuaron trabajando dentro del marco aportado por Zenón.

Siguiendo los pasos de Zenón de Citium, los filósofos posteriores han modificado y ampliado la doctrina original de la filosofía estoica, demostrando que el discurso existe como un modelo adaptable de cognición mental que ha sido estudiado durante más de dos milenios. Al igual que los estoicos originales modelaron su filosofía en los tiempos en que vivieron, tratando de proporcionar a su cultura principios activos para la iluminación humana, los filósofos de la antigua Roma y de la Edad Media europea y del siglo XX americano que trabajaron en este campo de estudio también elaboraron los principios de la filosofía de una manera que se ajustaba a sus normas culturales y a las sociedades a las que trataban de beneficiar.

Con el más reciente resurgimiento del pensamiento estoico, vemos de nuevo cómo esta filosofía ha demostrado ser una forma de pensar y vivir siempre cambiante que puede ser moldeada a los tiempos y la cultura de sus practicantes. Los avances en los estudios sociológicos y psicológicos informan la nueva marca del estoicismo, y dentro de sus enseñanzas, los eruditos modernos reciben las herramientas que necesitan para prosperar en este mundo, no en el de la Antigua Grecia.

Gran parte de la filosofía antigua es pertinente sólo para la sociedad de la que surge, pero debido a la intemporalidad de sus principios, el estoicismo ha tenido éxito donde otros modos de filosofía del mismo período de tiempo han sido deshechados en el camino.

¿Por qué es esto? ¿Qué hace que la ética de la virtud y la visión naturalista del mundo sea tan convincente para la humanidad a través de los tiempos? Hay muchas respuestas a esa pregunta, pero me gustaría plantear que las cualidades entrañables del estoicismo han perdurado durante tanto tiempo en el pensamiento humano debido a la forma en que abordan no los problemas de la sociedad o las cuestiones mundiales, sino cuestiones más humildes relacionadas con la confianza en sí mismo, la voluntad y el libre albedrío. Estas cuestiones han sido un buen resorte de la perspicacia filosófica y muchos estudiosos han contribuido a nuestra comprensión general de su papel en la discusión intelectual humana, pero las interpretaciones estoicas de estas cuestiones poseen tal intemporalidad porque representan actitudes universales que pueden aplicarse en entornos interculturales.

La primacía de esta filosofía y sus muchas encarnaciones a lo largo de los tiempos radica en cómo maneja las emociones de los humanos. La mayoría de los discursos ponen fuera de nuestro control las fuerzas emocionales que se enfurecen en nuestro interior, por eso escuchar otro punto de vista, encontrar consuelo en el hecho de que controlamos cómo nos sentimos acerca del mundo que nos rodea, aunque no lo controlemos, es un punto de vista refrescante. Tal vez este control de nuestras propias emociones es lo que llevó a Justo Lipsio a adoptar la mentalidad estoica en medio de su exégesis. Tal vez esto le permitió estar ante un mundo que estaba a punto de desgarrarse por argumentos religiosos sectarios y exigir para sí mismo el derecho a determinar al menos el flujo de sus propios pensamientos y sentimientos.

La misma actitud es tomada por los psicólogos y filósofos de hoy en día que desean unir las dos disciplinas en una escuela de pensamiento constructivo. Antes de los albores de la terapia cognitivo-conductual y sus antecedentes más estoicos, la psicología estaba dominada por teorías que acabaron con la voluntad humana y nos colmaron sólo con la desesperación del pasado, que nunca pudo ser cambiada. La desesperación engendrada por perspectivas psicológicas que privan a las personas de la capacidad de cambiar su destino dio lugar a un interés por una forma diferente de pensar y llevó a los pioneros modernos del nuevo estoicismo como

Albert Ellis a cuestionar los paradigmas freudianos que dominaron la psicología a mediados del siglo XX. A través de la búsqueda de un enfoque más humanista de los desórdenes psicológicos, hemos llegado una vez más a lo propuesto por Cleantes, Crisipo y Zenón: que el dominio de tu control se extiende sólo hasta el punto en el que surge de tu propia mente, y del resto no vale la pena preocuparse.

Hay una sensación de libertad que impregna el pensamiento estoico. Aunque los detractores de su filosofía han arremetido contra la noción de que podría haber consuelo en la liberación del control, para los estoicos, el reconocimiento del hecho de que uno no puede controlar el mundo exterior otorga la libertad de centrarse en el mundo interior. Como práctica terapéutica, las encarnaciones modernas del estoicismo han continuado las viejas tradiciones de auto-reflexión implorando a los individuos que se hagan cargo de sus propias emociones y regulen sus reacciones a los estímulos externos. Esta es la manera en que los estoicos han decidido abordar los problemas de la indiferencia social ante el sufrimiento de los demás, la constancia de la guerra y la peste, los estragos de los desastres naturales. Sostienen que al preocuparse por tales circunstancias, el pensador no iluminado y sin escrúpulos no hace nada para aliviar el problema y sólo se dedica a un frenesí de emociones mal informadas que sirven para impedir cualquier tipo de pensamiento de orden superior.

Puede ser extremadamente difícil seguir las enseñanzas de Zenón, y los historiadores informan que era un hombre algo amargado, sin familia ni hijos. Pero lo que Zenón de Citio tenía era una firme comprensión de lo que debía y no debía preocuparle, y, a pesar de las apariencias de infelicidad, poseía las cualidades de un sabio erudito, luchando con la incertidumbre emocional en un período histórico que descansaba en un precipicio, gravitando alternativamente hacia la paz o la desolación total.

Aunque puede ser difícil mantener estas enseñanzas, la recompensa para el honorable sabio es la felicidad de saber que tienes el control de lo que viene de tu interior. El mundo puede golpearte, enviándote tormento tras tormento hasta que no puedas pensar en nada más que gritar al cielo con angustia, pero recordar las enseñanzas del estoicismo es olvidar la lucha momentánea de un mundo al que no le importas.

. . .

Recordar las enseñanzas del estoicismo es retomar el control de nuestro propio destino y hacer frente a la adversidad del mundo moderno, encontrar consuelo en la auto-reflexión, y dominar la confusión interna de un alma perturbada, sin importar la situación en el mundo exterior.

Este es el regalo que Zenón de Citio dejó a la humanidad. Seguir su camino es honrar el trabajo de toda una vida de uno de los más grandes pensadores del mundo.

RESEÑA

Para dejar una crítica honesta, por favor, utiliza el enlace de abajo:

NO PUEDO EXPRESAR cuánto apreciamos recibir comentarios y críticas. Realmente ayudan a mantener el libro vivo. Muchas gracias por la lectura.

- Andreas Athanas

BIBLIOGRAFÍA

BIBLIOGRAFÍA

Baltzly, D. (2019). Stoicism. The Stanford Encyclopedia of Philosophy.

Blau, S. (1993). COGNITIVE DARWINISM: Rational-Emotive Therapy and the Theory of Neuronal Group Selection. ETC: A Review of General Semantics, 50(4), 403-441.

Bulka,R.(1975).LOGOTHERAPYASA RESPONSE TO THE HOLOCAUST. Tradition:

A Journal of Orthodox Jewish Thought,15(1/2), 89-96. Downing, C. (1986). Affirmations: Steps to counter negative, self-fulfilling prophecies. Elementary SchoolGuidance & Counseling,20(3), 174-179.

Retrieved from

http://www.jstor.org/stable/42868729

Ellis, A. (1975). Rational-Emotive Therapy and the School Counselor. The School Counselor, 22(4), 236-242.

Erskine, A. (2000). Zeno and the Beginning of Stoicism. Classics Ireland, 7, 51-60.

Grant, F. (1915). St. Paul and Stoicism. The Biblical World, 45(5), 268-281.

Graver, M. (2017). Epictetus. The Stanford Encyclopedia of Philosophy

Kamtekar, R. (2018) Marcus Aurelius: The Stanford Encyclopedia of Philosophy

Kolassa, I., & Elbert, T. (2007). Structural and Functional Neuroplasticity in Relation to Traumatic Stress. Current Directions in Psychological Science, 16(6), 321-325.

Mark, J. (2015, February 11). Zeno of Citium. Retrieved from https://www.ancient.eu/Zeno_of_Citium/

Noyen, P. (1955). Marcus Aurelius: The Greatest Practitioner of Stoicism.

Papy, J. (2019), Justus Lipsius. The Stanford Encyclopedia of Philosophy

Summerhays, J. (2010). Twisted Thoughts and Elastic Molecules: Recent Developments in Neuroplasticity. Brigham Young University Studies, 49(1), 160-166.

Ure, M. (2009). Nietzsche's Free Spirit Trilogy

and Stoic Therapy. Journal of Nietzsche Studies, (38), 60-84.

Vernon, A. (1998). Promoting Prevention: Applications of Rational Emotive Behavior Therapy. Beyond Behavior, 9(2), 14-24.

Vogt, K. (2016). Seneca. The Stanford Encyclopedia of Philosophy

www.ingramcontent.com/pod-product-compliance
Lightning Source LLC
Chambersburg PA
CBHW021438080526
44588CB00009B/577